Höherer Dienst: GEO-Special-Redakteur Markus Wolff am Endpunkt seiner Recherchereise nach Nepal, dem Mount-Everest-Basislager

## Liebe Leserin, lieber Leser,

**SEIT NUN FAST DREI JAHRZEHNTEN** – GEO Special erschien 1981 das erste Mal – ist es unsere Aufgabe, Ihnen das Fremde nahezubringen, das Schwere leicht zu machen und Überblick zu verschaffen. Insofern krönt dieses Heft unsere bisherigen Bemühungen. Denn es bietet eine Aussicht, die höchstens 4571 Menschen bisher live erlebt haben können, 40 Deutsche darunter. Es ist der Blick vom Qomolangma, dem höchsten aller Höhepunkte – vom Gipfel des Mount Everest. Aufklappen statt aufsteigen; die Seiten 73 bis 76 führen Sie auf 8848 Meter. Und Markus Wolff, Redakteur dieser Ausgabe, kann Ihnen seit seiner Himalaya-Reise glaubhaft versichern, dass nahezu alles in dieser hoch gelegenen Weltgegend atemraubend ist – aber es den Reisenden längst nicht nur wegen der dünnen Luft bisweilen schwindelt. Im Mount-Everest-Basislager auf 5350 Metern genoss er die Vorzüge von Flachbildschirm, Carrera-Bahn, Lachs und frischen Erdbeeren, während bei seinem Besuch in Kathmandu das Licht ausging: Nepals Hauptstadt hat bis zu 16 Stunden am Tag keinen Strom, aber 17 921 Freunde auf Facebook. Tiefgläubig und mittlerweile auch ein bisschen hochmodern, es sind wohl diese Gegensätze, die das vorliegende Heft prägen. Willkommen also in der Welt der Gipfel, die immer eine Welt zum Staunen bleibt.

Herzlich Ihre

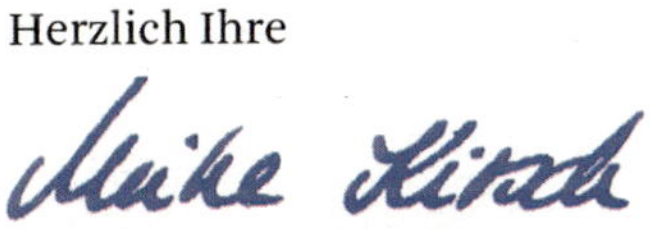

Waschechte Kerle: Fotograf Matthieu Paley (links) und Autor Tom Dauer zufrieden nach einem von Sünden reinigenden Bad; ein Sadhu als Foto-Assistent

Mehr Himalaya unter www.geo-special.de/himalaya

73 **IHR PERSÖNLICHER GIPFELERFOLG:** Ganz ohne Qual zum Blick vom Everest kommen – einfach Panorama aufklappen!

## THEMEN



## RUBRIKEN

112

**DON'T WORRY, BE HAPPY:** Wie Bhutan dem Glück seiner Bewohner auf die Sprünge hilft

42

**EIN NEUER DALAI LAMA?** Zu Gast beim Karmapa, der jungen Hoffnung vieler Tibeter

## dossier

## service

**TITEL:** SCOTT A. WOODWARD, NOVIZEN IN THIMPHU, BHUTAN

**REDAKTIONSSCHLUSS:** 12. NOVEMBER 2010

# JETZT MAL DER LÄNGE NACH

Immer wieder zeigt er seinen Besuchern ihre Grenzen auf, hier demonstrieren wir dem Himalaya mal seine eigenen: Bogenförmig erstreckt sich die über 60 Millionen Jahre alte Gebirgskette vom Indus im Westen bis zum Brahmaputra im Osten, der sich mit seinen Nebenflüssen auf dem Satellitenbild als wuchtiges Adergeflecht präsentiert. Begrenzt wird die 600 000 Quadratkilometer große Region von zwei Eckpfeilern: dem Nanga Parbat (8125 Meter) in Pakistan und dem bislang nur einmal bestiegenen Namche Barwa (7756 Meter) in Tibet.

Karte mit Ländergrenzen siehe Seite 142+143

Lhasa
Namche Barwa
Brahmaputra

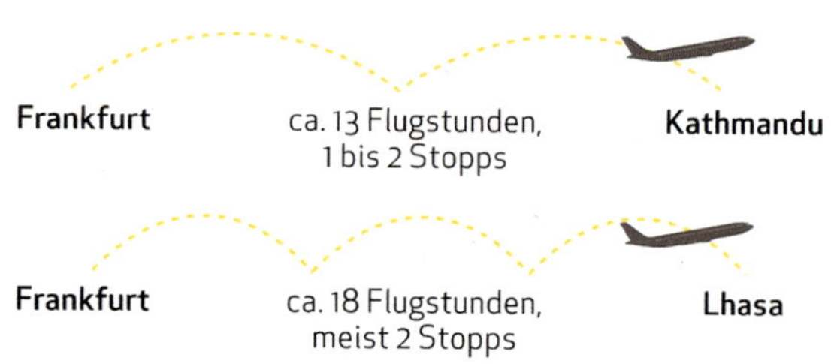


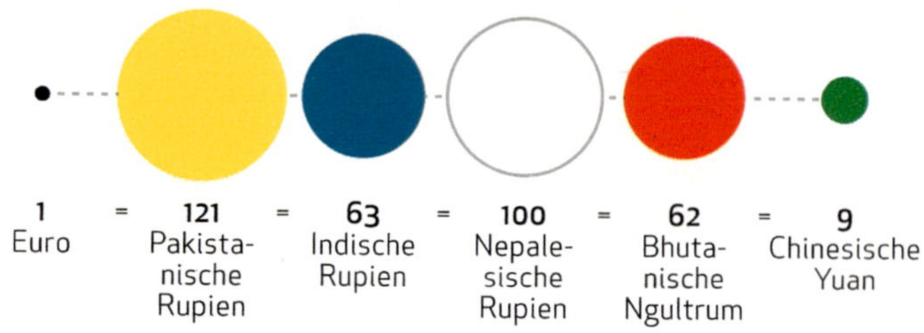


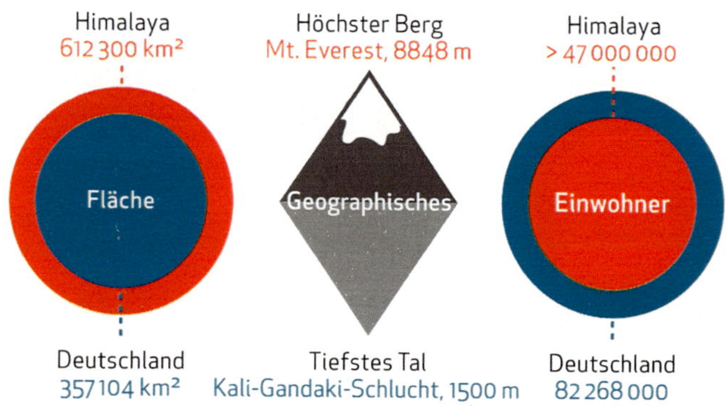


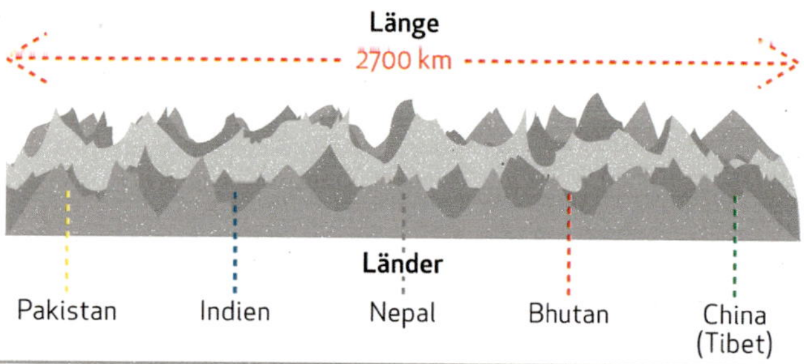

**Ist da noch Luft nach oben?**

Ab 1500 Höhenmetern sinkt die *maximale Sauerstoffaufnahme um etwa 10 Prozent pro 1000 Höhenmeter*. Damit sinkt auch das Ausdauerleistungsvermögen. Und zwar so:

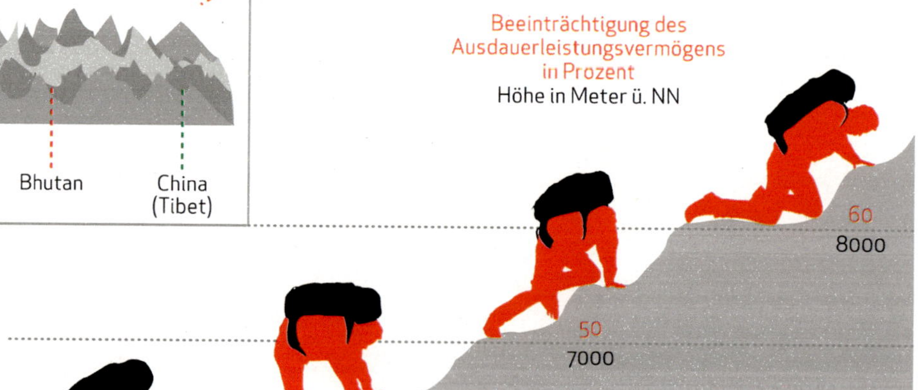


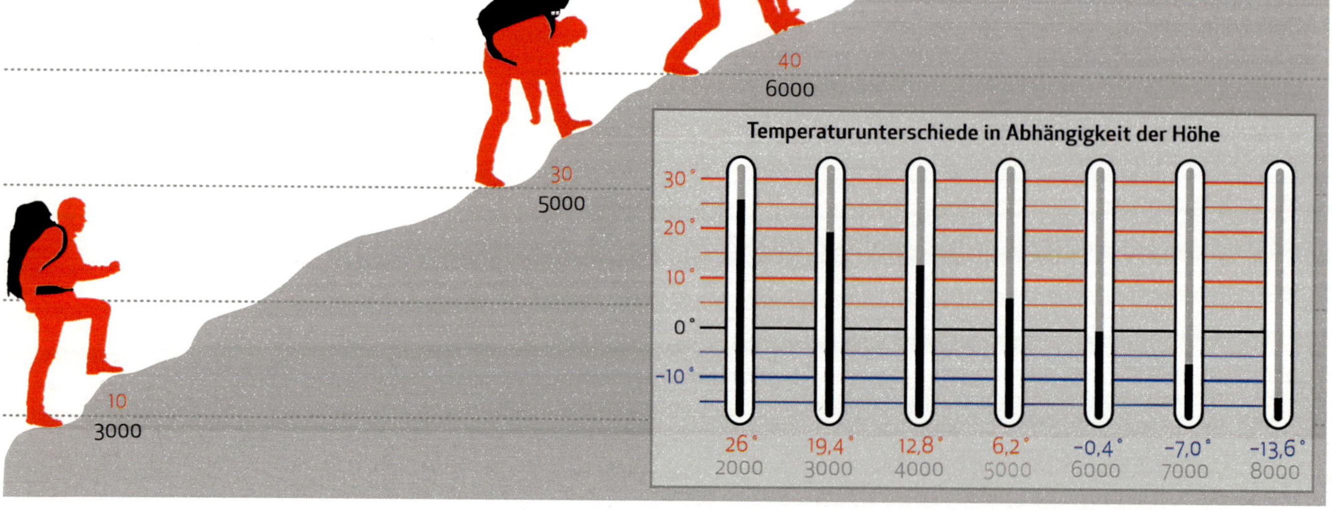


ILLUSTRATION: OLE HÄNTZSCHEL

## Die Symbolik der Gebetsfahnen

## Tierische Rekordhalter im Himalaya

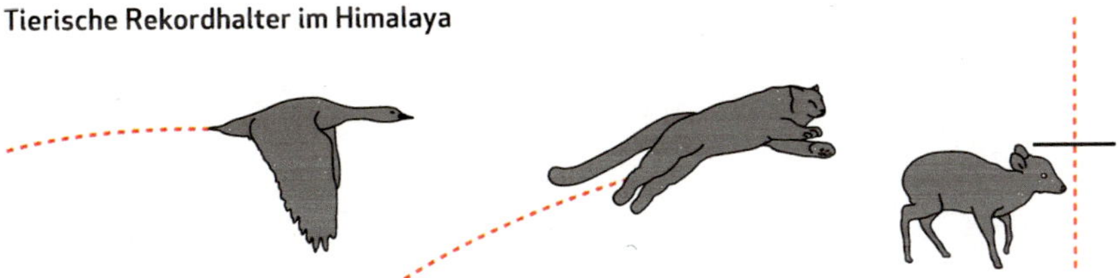

**Überflieger**
Streifengänse, *Anser indicus*, ziehen zum Winter über den Himalaya und fliegen dabei bis zu 9000 m hoch. Exemplare wurden schon beim Überqueren des Mt. Everest gesichtet

**Weitspringer**
Der vom Aussterben bedrohte Schneeleopard, *Uncia uncia*, macht Sätze von bis zu 16 m und ist damit Weltmeister des Weitsprungs unter den Säugetieren

**Winzling**
Sieht aus wie ein Erdferkel, ist aber laut DNA-Test tatsächlich ein Hirsch: der maximal 12 kg schwere, 50 cm lange *Muntiacus putaoensis* – der kleinste Hirsch der Welt

## Der Kailash – der heiligste aller Berge

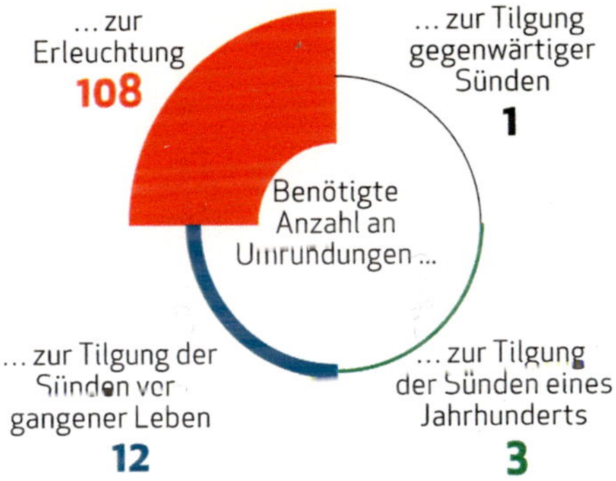


Im »Jahr des Pferdes« gilt eine Umrundung mehrfach

## Für eine 1-Liter-Flasche Wasser zahlt man in

Kathmandu, 1355 m
Namche Bazar, 3440 m
Dingboche, 4530 m
Chukhung, 4730 m
Gorak Shep, 5170 m, höchste Einkaufsmöglichkeit

des domestizierten Yak-Weltbestands von 14 Millionen lebt in Tibet

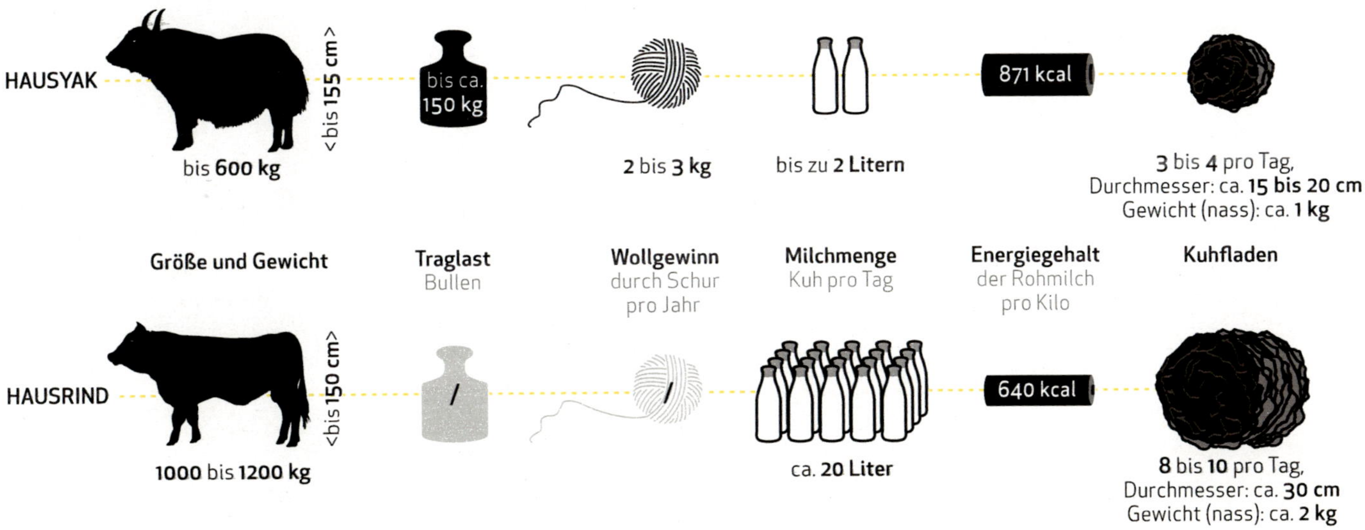

## FUNDSTÜCK

GLÜCKSDOSE

Wirkstoff: *happiness*. Anwendung: bei akutem oder chronischem Bedarf an Glück, auch im Unglück. Nebenwirkungen: Stimmungsumschwung, gute Laune, in besonders schweren Fällen gar überschäumender Enthusiasmus. Tatsächlich, dieses vermeintliche Pillendöschen hat es in sich, handelt es sich doch um einen aufwendig verzierten Speicher zum Sammeln völliger Zufriedenheit. Entdeckt hat ihn unser Autor Georg Burchardi im fernen Königreich Bhutan (siehe Seite 104–111), aus dem er als Glücksbringer zurückkam, besser gesagt: als Glücksbehälterbringer. Dass er ausgerechnet in der kleinen Himalaya-Monarchie fündig wurde, ist kein Zufall. Denn schon 1972 verkündete der damalige König des Landes: Streben nach Bruttosozialglück zählt mehr als das Bruttoinlandsprodukt. Die Bedienungsanleitung des Speichergeräts ist denkbar einfach: In guten Zeiten ein Stück vom eigenen Wohlergehen abknapsen und ins Döschen stecken. Gedeckelt wird die Freude mit einem Verschluss. In schlechten Zeiten gilt: Glück auf! Eine ausreichende Dosis macht froh und erinnert an schöne Momente. Das Beste an der bhutanischen Box aber ist ihre enorme Speicherkapazität. Wer das fingerhutgroße Gefäß dennoch vor lauter Freudentaumel zum Überlaufen bringt, muss sich nicht grämen. Dann profitieren eben auch andere. Glück ist bekanntlich ja das Einzige, was sich verdoppelt, wenn man es teilt.

*Georg Burchardi erstand die* ***Glücksdose*** *in Bhutans Hauptstadt Thimphu, in einem Laden zwischen Wang-Chu-Fluss und Chang-Lam-Straße, etwa auf Höhe der Nationalbank.*

## ZWITSCHERN MIT DEM DALAI LAMA

Mailende Gipfelstürmer, twitternde Heiligkeiten: Der Himalaya ist eben ganz auf der Höhe seiner Zeit

**VON WEGEN ABGESCHIEDEN:** Seit Herbst 2010 können Bergsteiger dank neuer Sendemasten am Everest-Basislager sogar bis zum Gipfel mailen und twittern. Zum Beispiel mit dem ebenso geistlichen wie weltlichen Dalai Lama, der eine Facebook-Seite und ein Twitter-Profil besitzt. Vermutlich bleibt seine Heiligkeit dennoch in jeder Hinsicht unerreichbar: Auch wenn 983 505 Nutzer seine Beiträge lesen, empfängt er selbst laut Statusleiste die 140-Zeichen-Nachrichten von – niemandem.

# ENERGIE AUS GLAUBEN

Ein Designer hat den Dreh raus: Er will die Kraft der Religion nutzen, um Elektrizität zu erzeugen

**DIE IDEE IST HIMMLISCH,** die Umsetzung irdisch, der Nutzen praktisch: Der Gebetsmühlen-Generator des chinesischen Designers Taikkun Yang Li führt diesseits wie jenseits auf den Pfad der Erleuchtung. Denn die magische Mühle setzt die Kraft des Gebetes in Elektrizität um. Klingt abgedreht – und ist es auch. Schließlich werden die mit Mantras verzierten Gebetsmühlen (auch Mani-Mühlen genannt) im Himalaya schon seit mehr als 1500 Jahren händisch in Schwung gebracht. Runde für Runde häuft sich dabei gutes Karma an, so der Glaube der Buddhisten. Auch Touristen in Tibet drehen oft sprichwörtlich am Rad, wenn sie buddhistische Klöster besuchen. Diese positiven Schwingungen will Taikkun Yang Li nutzen: Seinen Gebetsmühlen-Generator hat er mit gebrauchten Fahrradteilen und dem ausrangierten Motor eines Ventilators ausstaffiert. Die Energie, die beim Drehen des Rades oder der Walze frei wird, könnte des Nachts auf den Straßen Tibets LED-Licht ins Dunkel bringen. Einleuchtend, oder?

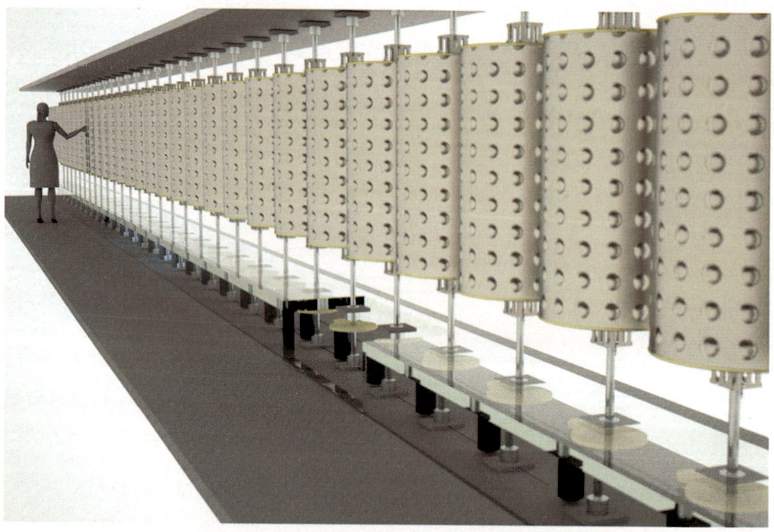

# AB INS KÖRBCHEN

In Bastbehältern gedämpfte Teigtäschchen sind die kulinarischen Highlights einer jeden Reise in die Bergregion – und daheim ideal für einen schnellen Bissen Fernweh. Hier eine vegetarische Variante der Momos. Falls Sie keinen Yak zur Hand haben sollten …

❶ **FÜR DAS CHUTNEY:** 1 Dose Tomaten (400 g) zerstampfen. 1 Zwiebel und 1 Knoblauchzehe pellen, 15 g Ingwer schälen, 2 rote Chili putzen. Alles fein würfeln. 1 EL Ghee (geklärte Butter, zu kaufen in Bioläden, ersatzweise Butterschmalz) in einem Topf erhitzen, Zwiebel, Knoblauch, Ingwer, Chili darin dünsten. Gewürze zugeben, kurz mitdünsten. Mit 2 TL Zucker bestreuen, Tomaten zugeben. Bei kleiner Hitze 30–40 Min. einkochen lassen. Mit Salz abschmecken und lauwarm abkühlen lassen. ❷ **FÜR DEN TEIG:** 250 g Mehl, 130 ml Wasser, 1 TL Ghee, 1 Prise Salz zu einem geschmeidigen Teig verkneten. In Folie wickeln und 1 Std. ruhen lassen. ❸ **FÜR DIE FÜLLUNG:** 300 g Kartoffeln in kochendem Salzwasser gar kochen, abgießen, ausdämpfen lassen. 200 g Brokkoli putzen, in kleine Röschen teilen. In kochendem Salzwasser 2 Min. weich kochen, abgießen, kalt abschrecken, gut abtropfen lassen. 1 Zwiebel und 1 Knoblauchzehe schälen, fein würfeln. 1 grüne Chili fein würfeln. 200 g Spinat putzen, waschen, abtropfen lassen. Zwiebeln, Knoblauch, Chili im Ghee kurz andünsten. 1 Msp. Kurkuma, Spinat, Brokkoli zugeben und mit Deckel 5 Min. garen. Mit Salz würzen. Gemüse in einem Sieb gut abtropfen lassen, leicht ausdrücken, dann fein hacken. Kartoffeln pellen und grob zerstampfen. Die Kartoffeln mit dem Gemüse mischen, die Masse mit 1 EL Koriandergrün, Salz und Szechuan-Pfeffer abschmecken. ❹ **DEN TEIG HALBIEREN** und auf leicht bemehlter Arbeitsfläche 2 mm dünn ausrollen. 10 runde Teigkreise (9 cm Ø) ausstechen. Jeweils mittig 1 TL Füllung verteilen. Teigrand zusammenklappen und zu runden Taschen formen. Mit dem restlichen Teig und der restlichen Füllung weitere 16 Taschen auf gleiche Weise zubereiten. ❺ **DIE TASCHEN** in einem Dämpfeinsatz über kochendem Wasserdampf mit Deckel 10 Min. garen. Mit dem Chutney garnieren. *Achim Ellmer*

Ein Rezept zum Ausdrucken finden Sie unter www.geo-special.de/himalaya

# FOTOSCHULE

## Panoramabild

Fotograf Alex Treadway war auf dem Rückweg vom Mount-Everest-Basislager, und der Ama Dablam, für ihn einer der betörendsten Berge weltweit, lag vor ihm wie gebadet in Licht. Alles war bereit für ein perfektes mehrteiliges Panoramabild, und sollten Sie einmal eine ähnliche Aussicht genießen, so hier eine kleine Anleitung

**❶ KAMERAEINSTELLUNG WÄHLEN**
Wählen Sie den „Manual"-Modus Ihrer Kamera, denn bei Automatikeinstellung würde wahrscheinlich jedes Einzelfoto der Serie anders belichtet werden. Sie aber brauchen eine einzige Belichtung für alle Bilder, wenn Sie diese später zusammensetzen. Sollten einzelne Teile des Panoramas etwas unter- oder überbelichtet sein – nicht schlimm, solange sie für den Helden, in diesem Fall den Berg, die richtige Belichtung wählen. Auch Schärfe und Weißabgleich sollten auf „Manual" stehen, damit es keine Überraschungen gibt. Bewährt hat sich außerdem eine Linse mit fester Brennweite, die Unschärfen an den Bildrändern minimieren hilft. Denn je leichter sich die Bilder später aneinanderfügen lassen, desto besser das Endresultat.

**❷ AUSSCHNITT FINDEN**
Ein Stativ ist für Panoramen kein Muss, aber es macht die Sache deutlich einfacher. Besonders dann, wenn sich an ihm exakt der Grad der Kameradrehung ablesen lässt. So können Sie die optimale Überlappung – mein Tipp: 30 Grad – genau einstellen. Im Zweifel gilt, lieber mehr als weniger überlappen lassen. Und: Montieren Sie die Kamera erst auf Ihr Stativ, wenn Sie sich – ohne Stativ – ausreichend gut orientiert haben. Wer die Kamera in der Hand hält, findet den perfekten Ausschnitt deutlich schneller.

**❸ FOTOGRAFIEREN**
Das Geheimnis eines guten Panoramabildes liegt hier: beim durchdachten Fotografieren. Wer bei diesem entscheidenden Arbeitsschritt schludert, wird am Ende trotz bester Photoshop-Kenntnisse unglücklich sein. Sehr wichtig ist, alle Fotos von identischer Stelle aus zu machen – und mit nahezu derselben Einstellung. Wenn unbedingt nötig, höchstens eine Blende wegnehmen oder zugeben, sonst wird das nichts. Wenn Sie Brennweiten von mehr als 50 Millimeter wählen, entscheiden Sie sich zusätzlich am besten für den „Porträt"-Modus Ihrer Kamera, dadurch haben Sie am Ende ein besser aufgelöstes Bild. Und, letzter Tipp: Wählen Sie den Ausschnitt so, dass oben und unten etwas Luft bleibt. Alles beachtet? Dann wird das Zusammensetzen eine reine Freude sein.

DAS LIMITIERTE SONDERMODELL GRAND MODUS GEO.
FÜR WELTENBUMMLER.
K EX 731

# DIE WELT DORT OBEN

NEPAL
36 Meter ragt die Stupa in Bodnath, einem Stadtteil von Kathmandu, auf. Für ihre Strahlkraft sorgt aber nicht allein die Größe des Heiligtums: Einmal jährlich wird die imposante Halbkugel weiß gestrichen

Über 2700 Kilometer erstreckt sich die mächtigste Bergkette der Erde. Sie verbindet fast 50 Millionen Hindus, Muslime und Buddhisten in fünf Ländern. Ein Streifzug durch die Hoch-Kulturen

# BHUTAN

Acht Jahre dauert die Ausbildung dieser Schüler im Kloster Dechen Phodrang. Allerdings ist es nicht der bevorstehende Unterricht, der zum Freudensturm verleitet – sondern der Ruf zum Mittagessen

# PAKISTAN

Der Nanga Parbat, in den 1930er Jahren zum »Schicksalsberg der Deutschen« verklärt: Die Nazis wollten den Gipfel um jeden Preis. Aber erst 1953 wurde er zum ersten Mal bestiegen – von einem Österreicher

# BHUTAN

Dzong heißen die Klosterfestungen des Königreichs. Im früheren Feudalsystem waren sie schwer einzunehmender Sitz von Mönchen und Verwaltung. Heute werden sie allenfalls von Touristen belagert

# AUTONOME REGION TIBET

Der Shishapangma ist der Kleinste unter den Größten: Mit seinen 8027 Metern wird er im Himalaya von neun, weltweit von 13 Achttausendern überragt. Als einziger der Giganten liegt er vollständig in Tibet

## INDIEN

Im Winter lässt sich über den gefrorenen Zanskar in Kaschmir wandern. Die politische Eiszeit ist hingegen weitaus unangenehmer: Um das einstige Fürstentum streiten sich Indien, Pakistan und China seit Jahren

## INDIEN

Gleichmütig hält ein Riesenradbetreiber sein Geschäft in Ladakh am Laufen. Auf westliche Kirmes-Atmosphäre mit farbigen Glühlampen muss er verzichten, dafür leuchten im Hintergrund immerhin die Berge

Über Jahrzehnte hinweg galt die Runde um das Annapurna-Massiv als eine der schönsten Trekkingrouten der Welt. Eine neue Trasse bringt nun die Moderne in die Abgeschiedenheit. Und den Zwist. Unterwegs auf einem Streitfall

# Die Straße

FOTOS ¬ MATTHIEU PALEY TEXT ¬ TOM DAUER

Wer von »Straße« spricht, meint das: eine Piste aus Schotter und Staub wie hier zwischen Dana und Tatopani. Rechts des Flusses verläuft der alte Wanderweg

## Die Straße hat viel verändert. Aber auch alles einfacher gemacht?

**OBEN** Mitunter stockt der Fortschritt. Vor allem der Monsun verwandelt die Straße oft in eine Schlammpiste. Selbst eine Busfahrt kann dann für Reisende zum Kraftakt werden. **LINKS** Die 12-jährige Pramila vor einem kleinen Restaurant in Mustang. Den Trail säumen inzwischen viele einfache Gasthäuser und Herbergen. So können auch Individualreisende in Gegenden gelangen, die lange Zeit nur Expeditionsteams erreichten. **RECHTS** Bauern bei Muktinath. Schwer ist das Leben vielerorts, mag die Last auch nur aus Gräsern bestehen

## Land mit Weitsicht: Straßen bedeuten besseres Leben für kommende Generationen

**LINKS** In einem Korb, den sonst Lastenträger benutzen, hat eine Frau ihr Baby gebettet. Dank dem geplanten Ausbau des Straßennetzes wird es in einem anderen, moderneren Nepal heranwachsen. Noch lebt mehr als ein Viertel der Bevölkerung unter der Armutsgrenze, ein Großteil in abgeschiedener Berglage. **OBEN** Kein Dorf, kein Haus, nur der Dhaulagiri, der aus den Wolken ragt. Was für Einheimische den Alltag so mühselig gestaltet, macht für Wanderer den Reiz aus: Einsamkeit. **RECHTS** Der Ort Kagbeni ist das Tor zum legendären Königreich Mustang. Dessen alte Hauptstadt Lo Manthang ist nur von Tibet aus mit dem Auto zu erreichen

**OBEN** Sie haben gut lachen: Nonne Ritu Lama und die achtjährige Yangjin genießen den Anblick bunt gemischter Kundschaft, die über die neue Trasse in ihr Geschäft in der Pilgerstadt Muktinath findet. **RECHTS** Marpha ist bekannt für seine Äpfel. Bessere Verkehrswege bedeuten hier: mehr Obst fürs Land

**WO SICH DAS TAL ZUR SCHLUCHT VERENGT** und das Grollen des schwarzen Flusses, des Kali Gandaki, aus der Tiefe hallt, frisst sich die Straße einen knappen Kilometer an einer senkrechten Felswand entlang. Jeep-Fahrer treten das Gaspedal durch, um nicht im Morast stecken zu bleiben, Busse schwanken bedrohlich hin und her, und aus ihren Fenstern blicken die Passagiere in einen beängstigenden Abgrund. Niemand verweilt hier länger als unbedingt nötig.

Und genau an dieser Stelle hat Balaram Nepal einen Großteil seines Lebens verbracht, in Staub und Dreck. Tagsüber hat er Steine geschleppt, mit dem Hammer zu Quadern geklopft und zu Stützmauern geschichtet, hat Erde geschaufelt, Zement gemischt, Sprengladungen gezündet und sich so zum Vorarbeiter hochgedient. Nachts hat er in einer Felsnische geschlafen, geschützt von blauen Zeltplanen. Sieben Jahre lang haben er und seine Männer den Bau dieser kühnen Straße vorangetrieben. 34 sind dabei gestorben. Von Geröll erschlagen, hinuntergestürzt in den Fluss.

Dann endlich, 2009, war die Beni-Jomsom-Road vollbracht. 82 Kilometer lang windet sie sich von 830 auf 2720 Meter Höhe, vom Hügelland ins Hochgebirge, durchquert zwei Distrikte, immer dem Lauf des Kali Gandaki folgend, der zwischen den Achttausendern Annapurna und Dhaulagiri die tiefste Schlucht der Erde geschnitten hat. Knapp zwölf Monate später sind nun auch die letzten Arbeiten getan; Balaram Nepal wird heimkehren. Er ist 27 Jahre alt, er hat gut verdient. Jetzt will er sich eine Frau suchen und heiraten. Wen oder was die Beni-Jomsom-Road bringen wird, das interessiert ihn nicht.

Dabei ist wohl keine andere Verbindung im Himalaya ähnlich umstritten wie diese Straße, die eigentlich keine ist. *Dirt road* würde man sie im Englischen nennen: dreckig, unbefestigt, einspurig, mit tiefen Spurrillen und Schlaglöchern. Ein Achsenbrecher. Nach Regenfällen wird die Trasse regelmäßig von Erdrutschen verschüttet, spülen Wassermassen ganze Abschnitte davon. In den Alpen ist fast jeder Almweg in besserem Zustand.

Dennoch setzen viele Menschen entlang des Kali Gandaki große Hoffnungen in die Straße. Sie erwarten Wohlstand durch bessere Anbindung,

## Woran Nonnen glauben? An Busse, die mehr Pilger bringen

sinkende Preise, mehr Angebot oder auch nur, schneller zum Arzt zu kommen. Gegner jedoch befürchten, dass das Gegenteil eintreten wird: dass die Straße diejenigen abschreckt, die bislang durch die Dörfer wanderten. Dass Gäste in den Lodges ausbleiben und Läden schließen. Denn seit die Schotterpiste fertig ist, wird in Zeitungsartikeln, Internetforen, in Blogs und Wanderführern geklagt und gestritten: Eine der weltweit schönsten Trekkingtouren, heißt es da, sei für immer zerstört. „Die Annapurna-Runde“, lautet das Urteil, „ist tot.“

„Früher, sagt Lodge-Besitzer Prem Pasad Tulachan, „hatten wir 50 Gäste pro Nacht, manchmal gar 200. Und in der Hauptsaison? Garantiert ausgebucht!“ Jetzt bleiben die Zimmer leer – obwohl der Standard in seiner „See you Lodge“ hoch ist: frische Handtücher, Bonbons auf dem Kopfkissen, Sandaletten fürs Bad. Tulachan glaubt, das erwarteten Menschen, die bei ihm in Kalapani Station machen und für ein geführtes Komfort-Trekking rund um den Annapurna insgesamt etwa 2500 Euro ausgeben. Und „diese Straße“, sagt der 50-Jährige, habe „in der Angelegenheit“ zunächst mehr Fluch als Segen gebracht. Trekker, die auf ihrem langen Weg vom Thorong-La-Pass zurück ins Tal früher auch in Kalapani aßen, tranken, schliefen und einkauften – sie fahren jetzt in Jeeps, in Bussen und ohne anzuhalten durch die Dörfer. Warum gehen, wenn man auf weniger anstrengende Weise vorankommen kann?

Prem Pasad Tulachan selbst ist dennoch guter Dinge. Weil er in den ausgebuchten Zeiten sparen konnte, hat er sich einen Bus gekauft: einen Eicher Goodearth, 95 PS stark, fünfeinhalb Tonnen, 40 Sitzplätze. „Wenn die Leute schon an Kalapani vorbeifahren, will ich wenigstens der sein, der sie transportiert.“

Auch andere Lodge-Besitzer haben sich Jeeps zugelegt, besonders clevere investierten in Lastwagen, Bagger, Radlader, Planierraupen. Und das Lodge-Geschäft werde ebenfalls wieder anziehen, davon ist Tulachan überzeugt. Allerdings werden es andere Gäste sein: Mountainbiker etwa oder Offroad-Fans. Er erwartet eine Gruppe von 26 Italienern, jeweils zu zweit auf einem Quad. Dazu Nepalesen auf Motorrädern in ihrem kurzen Jahresurlaub, die weit mehr Geld als der gemeine Trekker ausgeben, der es stets bei einem Bier am Abend bewenden lässt. Anders als die wandernden Naturliebhaber stören sich motorisierte Nepalesen auf „Eat, drink and enjoy!“-Trip nicht am Dieselgeruch. Auch nicht daran, dass die Moderne im Himalaya Einzug gehalten hat, dass die meisten Dörfer in den Distrikten Myagdi und Mustang Strom haben und Satellitenschüsseln auf den flachen Dächern stehen. Und wenn dann tatsächlich einmal ein Hirte auf seiner Flöte spielt – kaum zu glauben: Die gängigen Melodien hat man beim Gang durch die Siedlungen schon zu oft als Klingelton allzeit empfangsbereiter Mobiltelefone gehört.

DAS GEFÜHL VON ABGESCHIEDENHEIT stellt sich am Fuße des Annapurna nur noch jenseits des Flusses ein. Am Ortsausgang von Kalapani, Lodge-Besitzer Tulachan hatte darauf hingewiesen, deutet ein Holzschild über den schäumenden Kali Gandaki: „Trekking Trail“ ist auf ihm zu lesen. Auf der anderen Flussseite führt der Weg auf weichem Sandboden durch einen Wald aus Kiefern und Thujen. An Sanddornsträuchern leuchten reife Beeren, Walnussbäume recken ihre Äste über den Pfad. Talabwärts bestellen die Bauern wie seit Jahrhunderten ihre Felder. Mannshoch steht dort der Mais, reifen Hirse und Sojabohnen. Spätestens 2015 soll eine alternative Trekkingroute das Ostufer des Kali Gandaki entlangführen. Fernab der Straße und der Motoren soll sie das gesamte Tal durchmessen. „Walk there, sleep here!“ lautet das Motto, auf das all jene hoffen, die sich keinen eigenen Bus leisten können.

Dilu Tulachan vom gleichen Clan zum Beispiel. Bis vor Kurzem lebte die 27-Jährige mit Mann und zwei Kindern im 200 Kilometer entfernten Kathmandu. Wie viele junge Nepalesen hatte es das Ehepaar dorthin gezogen, wo eine gute Schulbildung für die Töchter in Reichweite war. Weil aber die Schwiegermutter früh starb, kehrte Tulachan in ihren Heimatort Tukuche zurück, um das kleine „Lotus Guesthouse“ der Familie zu übernehmen – unweit der Wiese, auf der 1950 jene Männer rasteten, die als erste Menschen überhaupt einen Achttausender bestiegen, den Annapurna. Von der indischen Grenze bis ins Kali-Gandaki-Tal hatte die französische Expedition drei Wochen gebraucht. Zu Fuß, im Nepal jener Zeit gab es weder Straßen noch Fahrzeuge. Erst 1953 verband die erste Überlandstraße Kathmandu mit dem Terai, rund 50 Kilometer südlich. Der →

## Was für eine Trasse! Sie hat in den Tod geführt, in die Arbeitslosigkeit und zur Erleuchtung

**OBEN** Tödliche Straße. 34 Arbeiter kamen durch Steinschlag oder Abstürze am etwa einen Kilometer langen Abschnitt bei Lhasa ums Leben. **LINKS** Der Träger, ein Auslaufmodell: Min Tamang transportiert mitunter 90 Kilogramm Waren auf einmal entlang des Kali Gandaki. Nun ist seine Zukunft bedroht. Wo Autos fahren, wird er entbehrlich. **RECHTS** Verschiedene Glaubensrichtungen und doch ein Ziel: Eine buddhistische Nonne passiert einen Sadhu. Sie war bereits dort, wohin der 33-Jährige pilgert – am heiligen Ort Muktinath in 3760 Meter Höhe

bescheidene Beginn einer Entwicklung, die längst nicht als abgeschlossen gilt: Noch heute ist jeder zweite Nepalese über eine halbe Stunde Fußmarsch bis zu einer Straße unterwegs. Und es muss als ehrgeiziges Ziel gelten, dass die Regierung jedem Bergbewohner den Zugang zur nächsten Straße „innerhalb von vier Fußstunden" ermöglicht haben will – bis 2016. Armutsbekämpfung durch Schotter und Asphalt. Das ist die Theorie.

„Den Alltag hat die Straße in jedem Fall einfacher gemacht", sagt Dilu Tulachan. Die junge Frau, bei deren Abreise die Straße nicht mehr als eine Idee war, lässt nun über diese Verbindung die Ernte zum Markt nach Pokhara bringen. Einst kostete es 20 Rupien pro Kilo, Aprikosen, Äpfel und anderes nach Pokhara tragen zu lassen, nun zahlt sie fünf. Lieferung per Lastwagen ab/bis Haus. „Dafür", sagt Tulachan, „sind die Nachbarn fauler geworden. Früher gingen sie um fünf Uhr morgens los, um spätestens um neun auf dem Markt zu sein. Heute warten sie auf den Bus, und wenn der nicht kommt, sitzen sie um elf immer noch am Straßenrand." Und auch wenn, wie im Sommer 2010, die Straße zwischen Jomsom und Beni wegen Erdrutschen gesperrt ist, geht kaum noch etwas: Die meisten Straßenanwohner haben ihre Transportesel und -pferde verkauft.

**Vielleicht sehen nur Sturköpfe die Vorteile nicht**

ANNAPURNA ist in der hinduistischen Kosmologie die Göttin des Korns und des Überflusses. An der Südseite des Massivs lädt der Monsun seine nasse Fracht ab, was die Region zu einer der fruchtbarsten Gegenden Nepals macht. Auf der Nordseite des Achttausenders dagegen befindet man sich im Windschatten des zehnthöchsten Berges der Erde – wo selbst in den regenreichsten Monaten kaum Niederschlag fällt. In Jomsom, dem Verwaltungszentrum von Mustang, weht deshalb Staub durch die Gassen, von Bussen, Jeeps, Traktoren aufgewirbelt. Die Augen tränen.

Bisher war Jomsom eine Durchgangsstation, die man als Annapurna-Runden-Wanderer so schnell wie möglich hinter sich ließ. Nun drängen sich im Hotel Majesty ganz andere Touristen um das Frühstücksbuffet: 70 Inder. Sie husten, sie sind die Höhe von fast 3000 Metern nicht gewohnt. In Kurtas, Pullovern, Jacken, Mützen und Handschuhen wappnen sie sich gegen Temperaturen von knapp zehn Grad, die sie als kalt empfinden. Es geht hektisch zu, die meisten wollen so bald wie möglich nach Muktinath aufbrechen, zu jenem Ort, an dem Hindus sich – ihrem Glauben nach – von schlechtem Karma und der Summe all ihrer begangenen Sünden reinzuwaschen vermögen: einem der wichtigsten Pilgerorte im Himalaya. Seit man ihn bequem in Bus und Jeep erreichen kann, kommt es in Muktinath zur wunderbaren Gläubigenvermehrung: 2009 kamen 150 000 hinduistische und buddhistische Pilger, 2000 war es nur ein Bruchteil dessen. Am Jahresende 2010, so Vishnu will, wird wieder ein neuer Rekord stehen.

Das Zentrum der Anlage bildet die Tempelpagode von Vishnu, dem „Alldurchdringenden", vor der sich Asketen – barfuß, in dünne Tücher gehüllt, die Gesichter weiß gekalkt, die Haare jahrelang gewachsen – für Fotos und Videos in Pose werfen. Bevor sie sich in ihre Höhlen rund um den Tempel zurückziehen, teilen sie die Geldgaben des Tages unter sich auf. Die meisten von ihnen sind zu Fuß nach Muktinath gekommen, das soll dem Karma dienen. Zurück können und wollen sie sich trotzdem den Bus leisten. Auf schmale Sitze gekauert, die Schulter an der des Nachbarn reibend, schweißnass an Armen, Rücken, Beinen, die Knie an die Vorderlehne gepresst, werden sie Richtung Tal reisen – und froh sein über die Straße, die es ihnen erlaubt, ein wenig weniger asketisch zu sein.

Kurz vor dem Haupttor findet man den Laden, in dem Ritu Lama Gurung lächelnd empfängt, freundlicher Langmut, die Haare kurz geschoren. Die 17-Jährige trägt das rote Leinengewand buddhistischer Nonnen, verkauft Wasser, Coca-Cola, Schokoriegel und getrocknete Nüsse, alles mit dem Bus geliefert. Auch Devotionalien sind hier gestapelt. Für Pilger, die in letzter Minute eine Opfergabe erstehen möchten: Blumenkränze, Schals, Reis, Bananen und Kokosnüsse. Mit den vielen Hindus, sagt die Buddhistin, mache sie das beste Geschäft: „Ihr Geld können wir für das Kloster gut brauchen. Über die Straße freue ich mich deshalb sehr." Beschenkt werden sollen nun bald auch die Menschen nördlich von Jomsom im ehemaligen Königreich Mustang. In einer Gegend, deren Besuch westlichen Touristen bis 1992 strikt verboten war. Heute dürfen sie in Gruppen und gegen eine hohe Gebühr in das einst verschlossene Königreich.

In die alte Hauptstadt Lo Manthang führt seit 2001 eine Straße, aber nur von tibetischer Seite. Das missfällt der nepalesischen Regierung, auch weil auf diese Weise chinesische Billigware den Weg ins

**LINKS** Für manchen Dickschädel mutet die Zukunft entlang des Annapurna-Trails mitunter wenig rosig an. **OBEN** Helle Köpfchen kommen hingegen weiter. In die Schule führte die kleine Diviani aus Tukuche ihr Weg ohnehin schon. Dank der neuen Straße kann sie jetzt auch in die nächste Stadt. Mit Bus und Mutter

Land finden kann. Es wird daher nicht mehr viel Wasser den Kali Gandaki herunterfließen, bis die Beni-Jomsom-Road über Jomsom hinaus nach Lo Manthang verlängert sein wird – 50 Kilometer plus. 2011, spätestens 2012, soll es mit dem Übergang nach Tibet so weit sein, versprechen Vertreter lokaler Behörden. An der Grenzstation könnten dann Paschminaschals und Decken aus Kulu, feinem Yak-Haar, verkauft werden. An Pilger auf dem direkten Weg zum Kailash, dem heiligen Berg für gleich vier Religionen: Hinduisten, Buddhisten, Jainas und Bön. Sie müssten dann nicht mehr über Kathmandu nach Tibet gelangen, die Rundreise zum spirituellen Highlight des Himalaya würde sich um mehrere Tage verkürzen – und für noch mehr Pilger erschwinglich sein.

Es gibt deshalb längst einen fast hundertseitigen „Plan für die nachhaltige Entwicklung Mustangs", in dem gar vom Bau eines „Kali Gandaki National Highway" die Rede ist. In etwa 20 Jahren soll er die wichtigste Verbindung zwischen Indien und China sein, ähnlich bedeutend wie der Karakorum Highway. Dieser ist zwar auch nur eine Schotterpiste, dient aber als unverzichtbarer Handelsweg zwischen China und Pakistan.

Aber zunächst muss das ambitionierte Projekt erst einmal begonnen – und fertig werden. Denn „fertig" ist im Himalaya, in diesem Gebirge, das regelmäßig von Erdbeben erschüttert, von Fluten ausgeräumt, von Steinlawinen und Muren überzogen wird, ein Zustand von höchst kurzer Dauer. Es ist daher gut möglich, dass die Beni-Jomsom-Road noch viele Jahre lang unfertig sein wird.

Fotograf **Matthieu Paley** und Autor **Tom Dauer** mit Sadhu Ganga Das Baba, einer von ungezählten höchst inspirierenden Straßenbekanntschaften, die das himalayaerfahrene GEO-Special-Duo machte. Sie wollen noch weitere miterleben? Unter *www.geo-special.de/annapurna* in Bild, Film und Originalton.

→

▶ **ANNAPURNA**

# Die Runde zum Selberdrehen

Seit 1978 der erste deutschsprachige Reiseführer über Nepal erschien, ist das dreiwöchige Trekking rund um das 8091 Meter hohe Annapurna-Massiv immer beliebter geworden. Kaum eine andere Route verbindet die überwältigenden Dimensionen des Himalaya mit einer derart großen Landschaftsvielfalt. Der **Annapurna Circuit** führt aus dem subtropischen Tiefland auf die Qinghai-Tibet-Hochebene, aus Flusstälern über den zugigen Thorong-La-Pass, durch tiefe Schluchten und um einen der imposantesten Achttausender der Welt. Und selbst wenn der Straßenbau die Region verändert: Die Tour lohnt noch immer.

**EINSTIEG** Die Runde eignet sich gut für Individualwanderer. Zügiger kommt voran, wer seinen Rucksack einem Träger überlässt. Diese sind oft auch Führer. Touristen, die über keine oder wenig Bergerfahrung verfügen, sollten sich einer geführten Gruppe anschließen. Zahlreiche Veranstalter bieten Trekkings an. Zwei sehr verlässliche: **Diamir Erlebnisreisen,** *Tel. 0351/31 20 77, www.diamir.de*, und **DAV Summit Club**, *Tel. 089/64 24 00, www.dav-summit-club.de*.

**STARTPUNKT** Starten Sie in jedem Fall in Besisahar, 100 Kilometer von Kathmandu entfernt und am einfachsten mit öffentlichen Bussen zu erreichen, die von Kathmandu und Pokhara verkehren. Für die Fahrt Pokhara–Besisahar kann auch ein Taxi gemietet werden, ca. 40 €.
Ab Besisahar fahren Jeeps bis zum Ende der Straße im Marsyangdi-Tal – falls Sie schon zu Beginn der Runde Ihre Kräfte schonen möchten. Ebenfalls angeraten: Wer die Annapurna-Runde gegen den Uhrzeigersinn geht, muss beim Aufstieg zum 5416 Meter hohen Thorong-La-Pass, der anstrengendsten Passage, weniger Höhenmeter bewältigen.

**BESTE REISEZEIT** ist der Herbst. Zwischen Oktober und Dezember ist das Wetter beständig, es regnet wenig, die Luft ist klar. Je später im Jahr, desto kälter allerdings die Nächte. Im Winter kann die Überschreitung des Thorong-La-Passes auch schon einmal unmöglich sein. Alternativ im Frühling wandern! Zwischen März und Mai liegt nur noch in den Hochlagen Schnee. Meist ist die Sicht jedoch nicht so gut wie im Herbst.

**GENEHMIGUNGEN** Seit 1. April 2010 muss sich jeder vor Aufbruch eine TIMS-Karte besorgen, die Abkürzung steht für Trekkers' Information Management System, *www.timsnepal.com*. Die gespeicherten Daten sollen helfen, verunglückte Wanderer so schnell wie möglich zu bergen. Bei organisierten Touren kümmert sich die Agentur um die Genehmigung. Wer auf eigene Faust reist, kauft sie für 15 € in den Büros des **Nepal Tourism Board** und der **Trekking Agencies' Association of Nepal** in Kathmandu oder Pokhara sowie bei lizenzierten Trekkingagenturen. Passkopie und zwei Passfotos mitbringen. Zwei weitere Passfotos und 2000 Rupien (20 €) kostet der Eintritt in das Annapurna-Naturschutzgebiet. Hat man Genehmigung und Ticket nicht dabei, wird dort doppelt kassiert. Informationen unter *www.ntnc.org.np*.

**KARTEN** sind topografisch zwar nicht exakt, geben jedoch einen guten Überblick der touristischen Infrastruktur. Am besten in den Buchläden von Kathmandu oder Pokhara kaufen. Empfehlenswert: **Shangri-La Maps, Around Annapurna, 1:125 000** und **HimKarto, Round Annapurna, 1:125 000.** ■

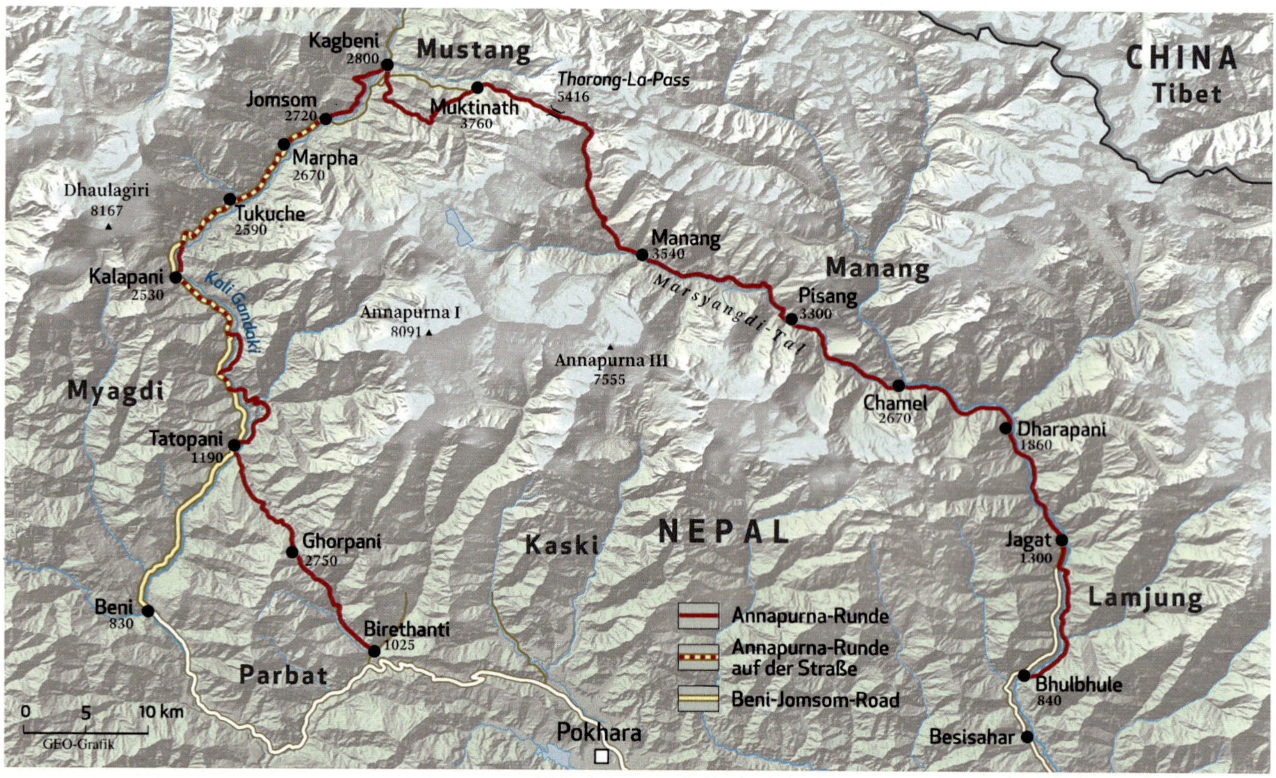

erdmannpeisker / Robert Bösch
Schuhkontrolle.
Extrem sicher. Extrem komfortabel. Getestet von zahlreichen Bergführern im Furkagranit. Überzeugen auch Sie sich von der neuen Mammut Footwear. www.mammut.ch
MAMMUT
MAMMUT
Absolute alpine.
SWISS TECHNOLOGY

FOTOS ¬ **G. M. B. AKASH** TEXT ¬ **ANDREAS HILMER**

Dieser Mann hält die Welt in den Händen und könnte einen Teil von ihr beeinflussen – wenn er eines Tages an die Stelle des Dalai Lama tritt. Hausbesuch bei einem 25-Jährigen, auf dem die Hoffnung eines ganzen Volkes ruht

# Der neue Dalai Lama EIN BUDDHA IN EINARBEITUNG

NICHT SCHON WIEDER dieser Karmapa!« Der indische Polizist schaut mürrisch in unsere Dokumente. Auf dem mönchsroten Briefpapier Seiner Heiligkeit steht umständlich: „Request for taking pictures of His Holiness the Karmapa during a day course of his schedule"; Anfrage zu einer Fotoerlaubnis für Bilder von Seiner Heiligkeit, dem Karmapa, während eines Tagesablaufs.

Der Polizist schüttelt den Kopf. Dieser Karmapa, ein 25-jähriger Flüchtling, und seine rätselhafte Popularität scheinen ihm den Nerv zu rauben. Wir sind nach Nordindien gereist, um einen lebenden Buddha kennenzulernen. Den geistigen Führer des mächtigen Kagyü-Ordens, auf dessen Weisheit und Bestimmung viele der weltweit sechs Millionen Tibeter ihre Hoffnung setzen. Und der im indischen Exil trotzdem nicht mehr ist als ein geduldeter Bittsteller, ein Politikum, das rund um die Uhr bewacht werden muss: damit er nichts sagt, was die Chinesen verärgern könnte. Und damit ihm nichts zustößt, was die Weltöffentlichkeit den Indern vorwerfen würde.

Deshalb sitzen wir vor unserem ersten Treffen mit dem Buddha hier: Zimmer 8 der Polizeipräfektur im Distrikt Kangra. Ausländerregistratur. Abteilung „Tibet". Sektion „Sicherheit". Berge von Akten verteilen sich über Schränke und Tische. Der für den Flüchtling Karmapa zuständige Beamte bringt seinen Scheitel in Form. „You sit, you wait." Mit versteinerter Miene macht er sich stempelnd ans Werk. „Karmapa, Karmapa, Karmapa!", ruft er und wirft unser Anschreiben wie faules Obst auf den Schreibtisch. „Was wollt ihr da überhaupt fotografieren?" Ganz einfach: Das neue Gesicht des tibetischen Buddhismus – das im Westen noch kaum jemand kennt.

Auf Ogyen Trinley Dorje, besser bekannt als Seine Heiligkeit der 17. Gyalwang Karmapa Lama, Oberhaupt eines der vier großen Orden des tibetischen Buddhismus, ruht die Hoffnung eines Volkes*. Nur er kann Tibet im 21. Jahrhundert Kopf und Stimme geben. Nur auf ihn kann die Aufgabe übergehen, künftig über die Zukunft seiner Heimat zu verhandeln. Nur er kann den Dalai Lama in seiner Macht beerben. Der Karmapa weiß das. Seine Entourage weiß es auch. Eigentlich wissen es alle – auch wenn es offiziell nie ausgesprochen werden würde. Längst hängen Karmapa-Porträts in den Geschäften von Dharamsala, wo mit etwa 20000 Flüchtlingen die größte tibetische Exilgemeinde lebt, gleich neben Bildern des Dalai Lama.

„Er ist noch unverbraucht, vielleicht kann er eine Lösung im Tibet-Konflikt finden", sagt eine Journalistin. „Schlechter als in der jetzigen festgefahrenen Lage kann es ja nicht laufen", sagt ein alter Buchhändler. „Ich hoffe nur, der Karmapa trägt nicht noch mehr zur Verwirrung bei." Das hoffen alle Beteiligten – tibetische Diplomaten, indische Gastgeber, chinesische Besatzer. Denn an der Karmapa-Frage ist so ziemlich alles heikel.

Schon allein das religiöse Problem: Der Karmapa steht einer buddhistischen Linie vor, die mit der des Dalai Lama über Jahrhunderte verfeindet war. Erst im Exil haben sich die beiden Orden einander angenähert. Aber was sollen die Tibeter tun, wenn der Dalai Lama stirbt? Seine Wiedergeburt in einem Kleinkind suchen, wie die Tradition es vorsieht – und dann ihrem nächsten Anführer 15 Jahre beim Heranreifen zusehen? Während die Chinesen alles machen werden, um den Jungen für sich zu gewinnen – oder ihm gleich einen eigenen Wiedergeborenen entgegensetzen? Und das alles, obwohl doch ein bestens ausgebildeter Lama bereitsteht?

Noch halten sich alle zurück. Die Inder versuchen, den Karmapa auf ihrem Boden abzuschotten – jedes falsche Wort könnte einen Konflikt auslösen. Auch die Tibeter wollen verhindern, dass er vorschnell auf die politische Bühne gezerrt wird. Die Chinesen ignorieren ihn vorerst. Und der Dalai Lama bleibt vage. Immerhin hat er dem Karmapa ein Kloster nahe seiner Residenz zur Verfügung gestellt. Er trifft sich regelmäßig mit ihm. →

** Nicht alle Buddhisten erkennen Ogyen Trinley Dorje als rechtmäßigen Karmapa an. Vor allem in der westlichen Welt gilt bei einer Minderheit Thaje Dorje als der wahre Karmapa.*

Weltliches und überweltliches Wissen in einer Person vereint: Die Tibeter glauben, dass dieser Mann, der Karmapa, die Weisheit all seiner Vorgänger in sich trägt

# Die Würde des Amtes verbietet ihm zu viel Tuchfühlung

Ein Bild von der Freiheit: Vom Dach seiner Residenz fotografiert der Karmapa oft Vögel. Eingebunden in ein starres Protokoll, ist er sonst selten allein. Überall bietet sich ihm derselbe Anblick: Trauben von jungen und alten Mönchen, die sich vor ihm verneigen. Und Gläubige, denen ein Wort, ein Rat, ein Autogramm des Erleuchteten alles ist

Und er redet davon, dass der junge kraftvolle Karmapa die „angefangene Arbeit fortführen solle". Niemand kann zu diesem Zeitpunkt sagen, was das genau bedeutet. Klar ist nur: Der Dalai Lama ist 75 Jahre alt. Und der Karmapa ist der einzige Plan B, den die Tibeter haben.

Ein Buddha in Einarbeitung. Wir wollen die ersten Reporter sein, die ihn begleiten. Aber was heißt schon „begleiten" – bei einem lebenden Buddha, bei einem heiligen Politikum? Als wir am Nachmittag, endlich ausgestattet mit Stempeln und Unterschriften, das Kloster Gyuto erreichen, ist schnell klar: Der Erleuchtete lebt in einem goldenen Käfig. Hoch über dem Haupttempel, im dritten Stock, bewohnt er ein luftiges Apartment mit Rundumverglasung. Hinter sanften Hügelketten glitzern schneebedeckte Berge. Dahinter liegt Tibet: das Land, dessentwegen alle hier sind. Das Land, das sie alle hier nervös macht.

Wie Zwiebelschalen umgeben den Karmapa die Ringe aus Bewachung, Bevormundung und Tradition. Unten, im Schatten der Klostermauer, sitzen indische Soldaten. Wir legen unseren Zettel auf einen abgewetzten Holztisch. Das Papier geht von Hand zu Hand, verschwindet auf Nimmerwiedersehen. Kameras zeigen. Pässe abgeben. Rucksack auskippen. Eintrag ins zerschlissene Audienzbuch. Leibesvisitation mit acht Händen. Keine Frotzelei, kein Lächeln. Die Sache mit dem unberechenbaren Flüchtling ist den Indern ernst.

„You can go." Den dunklen Flur entlang, wo Männer in Zivil gelangweilt auf Stühlen kippeln und Radio hören. Es ist unklar, was ihr Auftrag ist. Am Ende einer kalten Steintreppe warten, nächste Abschirmlinie, Karmapas eigene Leibwächter: jung, drahtig, tibetisch, einige mit Sonnenbrillen, aber immerhin lächelnd. Ob sie mit den Indern im Erdgeschoss zusammenarbeiten oder ob sich die Sicherheitsleute belauern wie Grenzposten zweier misstrauischer Nachbarstaaten, ist nicht zu erkennen.

Endlich stehen wir vor dem Innersten. Das wir natürlich nicht ohne Aufpasser betreten dürfen: Der Dolmetscher, letzte Bastion der Karmapa-Kontrolle, setzt die Lesebrille auf. Er blättert nervös in unseren Papieren. „Welche Fragen werden Sie Seiner Heiligkeit stellen?" – „Wir möchten erfahren, was für ein Mensch er ist." Schweigen. Der Karmapa darf Ratschläge geben, Trost spenden, segnen. Aber Mensch sein? Der Dolmetscher überlegt: Welche Konfliktpartei könnte an solchen Fragen Anstoß nehmen? Politische Fragen jedenfalls, das macht er klar, seien *not necessary*. Zeitverschwendung. Dann öffnet ein Mönch lautlos den schweren Vorhang zum Audienzzimmer.

Herumtollen darf Seine Heiligkeit einzig mit der Wiedergeburt seines ehemaligen Lehrers – und mit dem Hund der Schwester

Der Karmapa wurde in Osttibet in einem Nomadenzelt aus Yakhaar geboren, 1985, im Holz-Ochsen-Jahr des tibetischen Kalenders. Nachbarn erinnern sich an einen Regenbogen am Vorabend der Geburt, an einen besonderen Vogel, der auf dem Zelt saß, an Töne wie von Muschelhörnern, die das Tal erfüllten.

Der noch unerkannte Buddha wuchs unter acht Geschwistern auf. „Apo Gaga", Der-uns-zum-Lachen-bringt, wurde er von seiner Schwester genannt. Und wild sei er als Kind gewesen, erinnert sie sich. Wenn er aus Steinen einen Turm gebaut hatte, verkündete er seinen erstaunten Spielkameraden: „Dies ist ein Tempel, wir alle sind Lamas." Ein anderes Mal soll er seine Mutter mit einer Vorahnung überrascht haben: „Wenn du dem Karmapa etwas opfern willst, kannst du es gleich mir geben. Denn das bin ja ich." Im Sommer 1992 soll er seine Eltern überredet haben, das Weidelager früher abzubrechen und ins Tal zu ziehen. Da war der Junge sieben Jahre alt, und die Mönche einer Findungskommission zogen durch die Region, um nach der Wiedergeburt des 16. Karmapa zu suchen. Laut Prophezeiung sollte die „im guten Nomadenland, im Tal der Kuh" zu finden sein. Und 1985 geboren. Als der Junge dann aus einer Auswahl von Dingen zielsicher Ritualgegenstände des verstorbenen Vorgängers an sich nahm, waren sich die Lamas sicher: „Apo Gaga" ist der nächste Karmapa.

So verließ er die stolze Familie zu Pferd und mit weißen Ehrenschals überhäuft und wurde ins Kloster Tsurphu bei Lhasa gebracht, dem Stammsitz seiner Vorgänger. Es war eine Sensation, als bald darauf sowohl die Chinesen als auch der Dalai Lama den neuen Karmapa anerkannten. Lange hatte Tibet keinen lebenden Buddha mehr gehabt, der im Land blieb. Für die Bevölkerung ein Zeichen des Aufbruchs und für die chinesischen Besatzer die Chance, sich einen einflussreichen Verbündeten heranzuziehen.

Umso größer war die Blamage für die chinesische Regierung, als der Wiedergeborene am Abend des 28. Dezember 1999 aus seinem Klosterfenster kletterte und ins indische Exil flüchtete. Mönche begleiteten den 14-Jährigen über die Pässe des Himalaya. Wer die Jeeps besorgt, die Grenzübertritte organisiert, den Helikopter in Nepal bezahlt hat – darüber schweigen alle Beteiligten bis heute.

Auch als wir durch den Vorhang treten, ist es ruhig. Der Wiedergeborene steht wie ein Fels auf dem grünen Teppich. Barfuß und breitschultrig, etwa 1,85 Meter groß, glatt rasierter Schädel. Seine überlangen Arme hält er leicht abgespreizt, wie ein Cowboy vor dem Duell. In seinem Blick liegt Neugier. Alles an ihm signalisiert: Empfangsbereitschaft.

Buddha blinzelt uns zu, hebt die Augenbrauen. „So, so, Journalisten." Seine Stimme ist leise. Er fühlt sich noch nicht sicher im Englischen. Der Buddha bedeutet uns, ihm ins Bibliothekszimmer zu folgen, lässt sich dort in einen Sessel aus schwarzem Leder fallen, die Beine locker von sich gestreckt. Dies ist der einzige Ort, an dem ihn seine dienstbaren Mönche allein lassen. Ein Refugium der Normalität. Der Karmapa fingert saftige Birnenstücke von einem Teller. Neben ihm stapeln sich Bücher. Buddhistische →

Heiligkeit im Notquartier: Sein Stammkloster im Grenzgebiet zu China (unten) darf der Karmapa nicht beziehen; die indische Regierung fürchtet Pekings Zorn. Und so residiert er, der immer häufiger neben dem Dalai Lama verehrt wird, im dritten Stock einer Mönchsuniversität in Dharamsala, wo er Drupon Dechen Rinpoche an den Ohren zieht. Der kleine Lama ist die Inkarnation seines früheren Hauptlehrers

Schriften, eine Bibel, ein Koran. „Die Probleme, mit denen ich konfrontiert werde", sagt er, „muss man mit großem Überblick betrachten." Dann klopft es. Sorry, er muss wieder ran.

Hinter dem Vorhang seines Audienzzimmers warten Pilger aus aller Welt: Pärchen mit Rastafrisur und in beigefarbene Roben gehüllte Nonnen aus Taiwan. Asiaten meist in Gruppen und mit Tüten voller Süßigkeiten, Plastikbuddhas, Kleidung; mit geldgefüllten Briefumschlägen, deren Übergabe an den Erleuchteten ihr Karma stärken soll. Europäer meist einzeln und eher problem- als geschenkbeladen.

Wer spricht zuerst, wer übergibt welche Tüte? Punkt halb elf Uhr: Vorhang auf. Asiaten in Trippelschritten. Glücksschals, Geschenke. Niederwerfungen. Karmapas Segen für alles, was die Besucher ihm hinhalten. Vorhang zu. Der junge Buddha seufzt. „Seht ihr", sagt er, „ich habe eine große Verantwortung, der ich nicht entfliehen kann. Es überfordert mich oft, was gerade die Leute aus dem Westen von mir erwarten." Doch ein Karmapa ist ein Bodhisattva, ein Erleuchteter, ein Wunscherfüller: Seine Bestimmung ist es, allen Menschen zu helfen, einfachen Pilgern, die einen Namen für ein neues Kloster in Nordrhein-Westfalen erbitten, wie auch dem Schauspieler Richard Gere, wenn der über Geist und Metaphysik diskutieren will.

Der einzige Mensch, dem der Karmapa zurzeit nicht allzu viel helfen darf, ist sein Mentor, der Dalai Lama. Zu tief ist der verstrickt in den Tibet-Konflikt, auch wenn er den Anspruch auf vollständige Unabhängigkeit seiner Heimat längst aufgegeben hat. Sich politisch eindeutig auf seine Seite zu schlagen hieße, die Chinesen vor den Kopf zu stoßen. Und die Chance auf eine friedliche Zukunft Tibets zu gefährden. Denn anders als der Dalai Lama, den die Regierung Chinas als „Dämon mit menschlichem Antlitz und dem Herzen einer Bestie" bezeichnet, ist der Karmapa nie angefeindet worden. Umgekehrt hält auch er sich mit Kritik zurück. Und seine Berater sorgen dafür, dass es kaum Möglichkeiten für diplomatische Fehltritte gibt.

„Habt ihr nicht längst genug Fotos?" Das westliche Interesse an der Person des

## Die Tibeter haben nur einen Plan B: ihn

Karmapa ist für dessen Entourage schwer zu begreifen. Während der Dalai Lama akzeptiert hat, dass er neben seiner Rolle als Mönch und Diplomat auch als schlagfertiges Maskottchen des Buddhismus herhalten muss, konzentriert sich der Karmapa bisher auf seine spirituellen Aufgaben. Für die Pilger, die ihn besuchen, ist er vor allem eines: 1000 Jahre angehäuften Wissens.

Und die will er nun auch mit uns teilen. Ein klein wenig zumindest. Ob ihn sein Amt einsam macht? „Na ja, allein sein, allein Dinge tun, das hält den Geist ruhig. Und ein stabiler Geist – das ist das Wichtigste." Der Buddha hat jetzt Gefallen daran gefunden, sich als Mensch zu präsentieren und fährt routiniert seinen Laptop hoch. Erzählt, mit gedämpfter Stimme, vom Internet (wo er Popsongs herunterlade, deren Sänger er sich nicht merken kann). Von DVDs, die er sich bringen lässt („‚Indiana Jones' ist fabelhaft. Da kämpft Gut gegen Böse – wie im Buddhismus"). Und er erzählt auch, dass er noch nie im Leben Geld berührt hat.

Schreibt er E-Mails? Der Karmapa nippt an seiner Tasse mit heißem Wasser. Er lacht. „Mit wem sollte ich mailen?" Allein die Vorstellung erscheint ihm abwegig. „Das Internet bringt nur den Schein von Information. Es schafft auch Verwirrung. Das ist mir oft zu viel." Ein Buddha braucht weder Mailbox noch Facebook-Profil. Sein Medium ist die Audienz, von Angesicht zu Angesicht.

Ob wir ihn mal einen kompletten Tag begleiten dürfen? Der Karmapa grinst. Fast scheint es, als wolle er ausprobieren, wie weit seine Befugnisse tatsächlich reichen. „Warum nur einen Tag?", fragt er auf Englisch. „Zwei Tage sollten es schon sein." Draußen, vor den Sicherheitsabsperrungen, bitten wir die Tempelverwaltung um die nötigen Einladungsformulare. Der Dolmetscher wird ernst. Zwei Tage? Das habe er so nicht verstanden. „Aber Sie standen doch daneben. Er hat das gesagt!" – „Ich glaube, eher nicht." Der Karmapa, sagt einer der Sekretäre tröstend, sei ja ein Bodhisattva – wenn er es tatsächlich so gemeint habe, werde er Wege finden, uns zu helfen.

Was ist der Karmapa wirklich? Ein Erleuchteter, der nur aus Mitgefühl für alle anderen Wesen auf der Erde bleibt, obwohl er längst ins Nirwana eingehen könnte? Oder in erster Linie ein Ersatzmann im Machtspiel zwischen der tibetischen Exilregierung und den Chinesen? Allwissender Buddha oder Tibet-Lobbyist im Wartestand? Und wie passt beides zusammen? Es ist verständlich, dass der Karmapa einstweilen die Umweltpolitik zu seinem Wirkungsgebiet auserkoren hat – weil er dabei Gutes tun kann, ohne damit allzu sehr anzuecken.

Das Mönchsgewand weht im Wind. Barfuß betritt der Karmapa das Tempeldach vor seinem Apartment. Mönche eilen mit Schuhen herbei – das Dach ist heiß von der Sonne. Von unten schallt das Juchzen des jungen Drupon Dechen Rinpoche, die Reinkarnation seines alten Lehrers: eine Wiedergeburt mit Gameboy. Der Karmapa lässt sich seinen Fotoapparat bringen, schaut neugierig durch den Sucher. Seine Heiligkeit beobachtet Vögel am Himmel. Er fokussiert, versucht den Flügelschlag festzuhalten, den Moment einzufangen. So macht er sich zumindest ein Bild der Freiheit. ■

Tagelanges Tauziehen um Genehmigungen erlebten **Andreas Hilmer** und Fotograf **G. M. B. Akash** beim Besuch in Nordindien. Doch in dem Karmapa selbst hatten sie einen Mitstreiter; er flüsterte ihnen zu: „Wartet unten auf mich – wegen der Aufpasser."

Was immer auch aus Beijing kommt: Der Kailash bleibt heilig! Tibetische Pilger auf Bergfahrt schwenken ihr *hada*, das weiße Ehrentuch

# Die Tibet-Bewegung

Lange begegneten die Chinesen den Tibetern nur mit einem Gewehr in der Hand. Nun kommen sie mit Kameras. Und schaffen Arbeitsplätze. Ist das nur eine andere Art der Okkupation? Oder doch die Chance auf ein besseres Leben für die Besetzten?

FOTOS ¬ **BORIS JOSEPH** TEXT ¬ **JÖRG-UWE ALBIG**

Tief im Glauben, unterziehen sich viele Tibeter der Anstrengung, sich auf unterwürfigste Weise dem Jokhang-Tempel in Lhasas Altstadt zu nähern; wenigstens einmal im Leben

**Der Fortschritt rast heran** – mit 100 Kilometern pro Stunde und 11 000 PS. Er naht über Permafrost und leere Landschaften, die bedeckt sind mit Moos und Schmelzwasserseen, bevölkert von Yaks, Antilopen, Pferden und Pfeifhasen. Passiert Spaliere aus ammoniakgefüllten Stahlrohren, welche die Bodentemperatur konstant halten, und auf 5068 Meter den höchstgelegenen Bahnhof der Welt. Er panzert sich mit Ultraviolettfiltern gegen die Höhenstrahlung und mit Sauerstoffdüsen gegen die dünne Luft. Und auf seinen Tischen stehen Vasen mit Nelken.

Der Fortschritt ist ein Zug. Seit 2006 verbindet er Beijing mit Tibets Hauptstadt Lhasa, hat Tibet billiges Mehl gebracht und ein Handelswachstum von 75 Prozent in den ersten zehn Monaten. Doch er bringt auch Chinesen mit, Hunderttausende. Weitaus mehr als die, die nach dem Einmarsch 1951 Straßen errichtet haben, Schulen und Krankenhäuser. Die später auch ihre Supermärkte und Hotels bauten, ihre Modegeschäfte und Banken. Gebäude, die von Aufständischen in Trümmer gelegt wurden, als sie 2008 durch die Straßen Lhasas zogen; als sie auch die Moschee anzündeten, chinesische und muslimische Kaufleute verprügelten und Waren verbrannten; als 18 Einwanderer in den Gewaltausbrüchen umkamen und eine unbestimmte Zahl von Tibetern.

Seither kommen mit dem Zug auch die Soldaten, die Tag und Nacht durch Lhasas Straßen patrouillieren, blutjunge Männer mit reglosen Mienen, weißen Handschuhen und chronisch knackenden Walkie-Talkies. Sie gehen in Fünfergruppen, bewaffnet mit Gewehren, Feuerlöschern und Megafonen, schaukeln auf den Ladeflächen olivgrüner Lastwagen. Wachen in Glaskästen, auf rotweißen Podesten und unter Baldachinen mit Coca-Cola-Werbung. Spähen von Dächern und Balkonbrüstungen, marschieren abends um elf mit reglosen Mienen vor der Bühne eines Nachtlokals auf.

Sie lauern in Kompaniestärke unter den Bäumen am Potala-Platz oder inkognito in Trainingsanzügen vor dem Jokhang-Tempel. Sitzen an den Checkpoints, vor sich auf dem Schreibtisch herzförmige Plastikwecker mit der Aufschrift „LOVE". Pressen die Pilgermassen, die beim Joghurtfest Shoton mit Zuckerwatte, Opfermehl und Weihrauch den Berg zum Kloster Drepung hinaufdrängen, in handhabbare Schlangen und die Reisenden am neuen Bahnhof in stramme Kolonnen. Und bewachen nachts, wenn sie die Stadt für sich allein haben, den leeren Raum.

Alte und neue Macht: Der Potala, einstiger Winterpalast des Dalai Lama, ist heute ein Museum. Zu seinen Füßen stellt Chinas Armee hingegen nur kühl ihre Autorität zur Schau

Immerfort leuchtet über diesem das Licht des Fortschritts, als wäre es nie gedämpft worden. Das Blinken des Mobilfunkturms auf dem heiligen Berg Jakpori, einst Sitz des astrologischen Instituts; das Neonlicht der Ladenpassagen, Autohäuser und Fastfood-Ketten; die sonnige Welt des Lukhang-Parks, zu Füßen des Potala-Palastes, 2006 „auf der Basis von Respekt vor der Geschichte und der nationalen kulturellen Tradition" angelegt, wie auf einer Stele beteuert wird. Wo einst Wildwuchs wucherte, ziehen nun Tretboote mit Donald-Duck-Köpfen über einen künstlichen Teich, und mit Lautsprechern bestückte Steine singen Tibet-Opern. Und im Teehaus sitzt Sonam, genannt Sony, dünner Kinnbart und Sonnenbrille, trinkt Eistee mit Zitrone und erzählt, wie er den Rock 'n' Roll nach Lhasa brachte.

Auch Sonys Geschichte ist eine Geschichte vom Fortschritt – doch eines Fortschritts, der die Vergangenheit wiederbringt. Sony erzählt von den chinesischen Bands, die er Mitte der 1990er Jahre während seines Sprachstudiums an der Pekinger Fachhochschule staunend kennenlernte; von seiner ersten Gitarre für 40 Yuan, auf der er dann drei Jahre lang Tonleitern zupfte; von seiner ernüchterten Rückkehr in die Popwüste Lhasas – weit und breit kein Rock 'n' Roll. Es gab nichts als Karaoke, Hongkong-Schnulzen, Folklore und die patriotischen chinesischen Hymnen, die nachts über den Potala-Platz schepperten. Selbst um Gitarrensaiten zu kaufen, musste man in die Provinz Sichuan reisen.

So gründete Sony rechtzeitig zum neuen Jahrtausend mit Freunden – zwei Lehrern, einem Verwaltungsbeamten und einem Tänzer der Staatsoper – eine eigene Band: Vajara. Die Vorbilder stammten aus China oder Amerika, hießen Cui Jian oder Metallica, die Texte jedoch waren tibetisch: selbst verfasste Reime, aber auch Gedichte jenes sentimentalen Lebemanns, der als 6. Dalai Lama in die Geschichte einging.

Sony erzählt von seinen ersten Auftritten in den *nangma*, jenen schummerigen Varieté-Bars, in de- →

nen man hinter Barrikaden von Bierflaschen Tänzern mit Stulpenstiefeln und angeklebten Schnurrbärten zuschaut, mutigen Amateursängern, und sich zu später Stunde das Publikum zu Schreit- und Stampftänzen auf der Bühne versammelt. Wenn sie dort das alte Volkslied „Mutter Gerstenbier-Verkäuferin" mit verzerrten Gitarren unterlegten, zeterten die Gäste: „Soll das Musik sein?" Damen hielten sich die Ohren zu. Einmal erklomm ein älterer Herr die Bühne, um Sony die Gitarre zu entreißen: „Du hast das schöne Lied kaputt gemacht!"

Die Jungen aber hörten die alten Lieder zum ersten Mal. Inzwischen gibt es zwei CDs von Vajara, in China produziert. Ihre Käufer sind weltläufig, meist wie Sony im Mutterland ausgebildet – und umso emsiger bestrebt, die bedrohte Kultur zu bewahren: „Wir sammeln das Alte und geben ihm neue Rhythmen", sagt Sony. „Wir betreiben Aufklärung durch Musik. Darauf bin ich ein bisschen stolz."

Denn die Tradition hat es nicht leicht gegen einen Fortschritt, der in Zügen kommt. Von den alten tibetischen Häusern, von denen es vor rund zwei Jahrzehnten noch ungefähr 150 gab, steht nur noch ein Drittel – dafür wachsen überall neue Häuser im „traditionellen Stil" aus dem Boden, aus Granitquadern mit kleinen Zwischensteinen, mit eisenbeschlagenen Türen, geschnitzten Fensterrahmen, schwarzen Einfassungen und blau-gelb-rot quergestreiften Vorhängen. Selbst die öffentlichen Toiletten der Altstadt maskieren sich mit Versatzstücken der Retro-Architektur.

EINE AUFERSTEHUNG – wenn auch weniger im Dienst des Denkmalschutzes als zur Freude der Schaulustigen aus dem Mutterland, die in wachsenden Scharen nach Tibet pilgern: 90 Prozent der über vier Millionen Touristen, die seit dem Bau der Bahn jedes Jahr kommen, sind Chinesen. Entzückt, Mobiltelefone an den Ohren und die breitkrempigen Sonnenhüte der tibetischen Nomaden auf den Köpfen, stelzen sie durch das Meer aus hingestreckten Betern vor dem Jokhang-Tempel.

Viele von ihnen sind Sinnsucher wie die junge Schwimmlehrerin aus Beijing mit den Neo-Hippie-Kleidern und den blondierten Afro-Zöpfen, die zweimal im Jahr anreist, um sich in den Tempeln Lhasas der exotischen Kultur der fernen Unterworfenen auszuliefern: Mit fiebrigem Eifer reibt sie ihre Gebetskette an jedem Sockel, neigt vor jedem Buddha, vor jedem Heiligen den Kopf. Und hebt dann ihren fünfjährigen Sohn mit dem Irokesenschnitt über den Rand der Lampenbecken, damit er das Butteropfer spenden kann.

Es ist eine Art Heimweh, das diese Menschen treibt; eine romantische Sehnsucht nach dem Unverfälschten – die umso leichter falsche Töne erzeugt. Und wer wäre berufener, solche Dissonanzen zu erspüren, als die Künstler?

Tsering Namgyal, genannt Banor, Absolvent der Kunstabteilung der Universität Lhasa und Angestellter des staatlichen Künstlerverbands, steht in seinem luftigen, mit viel blondem Holz ausgebauten Dachatelier südlich des Lingkor-Pilgerwegs. An den Füßen trägt er die Stoffpantoffeln eines Hotels in der Präfektur Nagchu, seiner nordtibetischen Heimat. Namgyal, ein robuster Mann mit tätowierten Armen und Perlenkette am Handgelenk, ist kein Außenseiter: Er stammt aus alter Adelsfamilie, wohnt mit seiner Kollegin und Frau Dedron sowie zwei Mastiffs in einem umgebauten Gutshaus des 13. Dalai Lama.

Vom Kasernenhof nebenan dringen die patriotischen Gesänge der Soldaten ins Atelier. Banor legt ein stoffumhülltes Päckchen auf den Ateliertisch und wickelt die Seidentücher auf: eine seiner jüngsten Arbeiten. Auf den ersten Blick ist es ein Buch nach alter tibetischer Art – ein handbedruckter Papierstapel, zwischen Holzdeckel gepresst.

Doch es gibt ein paar Dinge, die irritieren. Irritation Nummer eins: Auf den traditionell geschöpften tibetischen Bögen reihen sich chinesische Schriftzeichen. Irritation Nummer zwei: Sie erzählen von der Erfindung der tibetischen Schrift. Irritation Nummer drei: Die chinesischen Zeichen sind so stilisiert, dass sie aussehen wie tibetische Buchstaben. „Für die jüngere Generation ist die tibetische Kultur wie diese Schrift", sagt Banor. „Die äußere Form ist tibetisch, der Kern aber chinesisch."

Das ist keine Anklage – eher das Protokoll eines Theaters gegenseitiger Projektionen, in dem Chinesen wie Tibeter mitspielen: Denn im hastig modernisierten Reich der Mitte ist die archaische Kultur des Schneelands en vogue. Und seit sogar die Partei den Buddhismus als Instrument der offiziell erstrebten „harmonischen Gesellschaft" entdeckt hat, legen selbst Politiker aus dem Mutterland unter Verbeugungen Geldscheine an der Grab-Stupa des 10. Panchen Lama im Kloster Tashi Lhunpo nieder, finanzieren immer mehr Han-Chinesen Klostergründungen im Schneeland, sind wieder 1700 tibetische Mönchsgemeinschaften aktiv. Und an den heiligen Orten kommen die Baukolonnen nicht mehr zur Ruhe. Es ist bisweilen der Fortschritt, der das Alte überleben lässt.

Im Kloster Shalu bei Shigatse stehen die Säulenhallen voller Zementsäcke, lagern Keramikziegel im Hof, klacken Steinklopfhämmer: Hier werden seit 2009 die Dächer erneuert. Im Kloster Sakya →

**Wo China in Mode kommt: »Eastern Style« gilt als chic unter Tibets Jugendlichen. So wie bei diesen Teenagern in Paryang, der größten Stadt auf dem Weg zum Kailash**

Am Ende der eigenen Geschichte: Tibetische Arbeiter auf dem Weg zu einem Abbruchhaus. Vor allem in Lhasa mussten viele historische Bauten bereits weichen

lädt ein Lastwagen vor dem Haupttempel Gerüste ab. Auch hier wird renoviert. Vor einem Jahr wuchs eine neue Kapelle aus dem Boden. Dem Tor gegenüber prangt ein zweisprachiges Propagandaplakat mit salutierenden Polizisten: „Zum geeigneten Zeitpunkt Sakya aufbauen und lang währendes Glück schaffen!"

Auf dem Dach des Jokhang-Tempels zu Lhasa klopfen singende Männer und Frauen den bewährten Agar, den mit Baumrindensud imprägnierten Lehmbelag, mit langstieligen Steinstempeln fest. Ihr Stampfen ist ein Tanz, der in Reihen vorwärts und rückwärts wogt, ihre Gesänge sind die alten Arbeitslieder aus der Sklavenzeit. Doch zugleich dienen ihre Mühen, wie ein Spruchband verrät, der Modernisierung des Landes – nämlich der „Tiefenrenovierung der Kulturschätze" im Rahmen des elften Fünfjahresplans.

Schon mehr als 1300 Jahre zuvor ist der Fortschritt einmal aus der Ferne hereingebrochen. Aus China und Nepal holte sich König Songtsen Gampo im 7. Jahrhundert mit Waffengewalt zwei Prinzessinnen – die dann mit ihrem buddhistischen Glauben das Land auf den Kopf stellten.

**Erzwungenes Bekenntnis: Zum Jahrestag der Gründung der Autonomen Region Tibet müssen auch Einheimische ihre Geschäfte mit chinesischen Flaggen schmücken**

Dem König kam das neue Denken gelegen. Es war eine mächtige Waffe gegen den unbequemen Adel und den alten Schamanenkult. Er führte einen Kalender ein, ließ Maße und Gewichte festsetzen und investierte in die Infrastruktur: Er vernetzte das Riesenreich mit Wegen und Brücken, mit Kanälen und Kurierreitern. 13 buddhistische Tempel soll er schließlich errichtet haben – denn die Landmasse Tibets war, so hieß es, eine wilde Dämonin, deren Leib mithilfe heiliger Bauten an den Boden gefesselt werden musste.

Tibet wurde groß, wuchs bis nach Afghanistan und China hinein und Lhasa zur kosmopolitischen Handelsmetropole heran, in die Kaufleute aus Armenien und Russland, Nepal und Indien strömten. Erst zu Beginn des 19. Jahrhunderts, als Tibet dem chinesischen Großreich zugefallen war, schotteten Kaiser und Klerus das Land ab – und verwandelten es in jenes unnahbare Shangri-La, das noch heute die Fantasien nährt.

Im Fokus des Mutterlandes: Die Chinesen haben Tibet als Reiseziel entdeckt. Mehrere Millionen kommen jährlich nach Lhasa, um sich ein Bild von der exotischen Kultur zu machen. Jeder auf seine Art

Heute müssen sich die Einwanderer gegen den Vorwurf der „Überfremdung" wehren. Ein Vorwurf, der brenzlig, aber nachvollziehbar klingt aus dem Mund junger Tibeter, deren Chinesisch-Kenntnisse auf dem Arbeitsmarkt mit denen eines Muttersprachlers nicht konkurrieren können. Doch ohne die Chinesen gäbe es diesen Arbeitsmarkt womöglich gar nicht – in einem Land, das bis zur Mitte des 20. Jahrhunders keine Löhne kannte, nur Frondienste. So ist es ein Trugschluss, dass der Zugezogene den Einheimischen um seine Zukunft beraubt. Schließlich gibt es auch viele Menschen wie Frau Yu.

**YU LINGFENG** sitzt in ihrem kleinen Geschäft für Maschinenteile in Shigatse, Tibets zweitgrößter Stadt, und gießt aus der Thermoskanne wieder und wieder die Teeblätter auf. Sie stammt aus der Küstenprovinz Zhejiang, fast 3000 Kilometer von Shigatse entfernt. Gerüchte waren Ende der 1990er Jahre in ihr Bauerndorf gedrungen, sie stammten von ihrem Bruder, der als Lastwagenfahrer viel herumkam. Sie müssen geklungen haben wie die Mär vom Wilden Westen in den USA des 19. Jahrhunderts: endloser Raum für Pioniergeist und Initiative – und Bodenschätze, für deren Bergung man bekanntlich Maschinen braucht. Der einzige Unterschied war, dass die Indianer Tibetisch sprachen.

Hat sie denn Tibetisch gelernt?

Tibetisch? Frau Yu, rote Wangen, rot getönte Haare, lacht. Sie lacht über ihr rundes Gesicht. Sie schüttelt sich vor Lachen. „Wir hatten von der Landwirtschaft gelebt, ohne festes Einkommen", erzählt sie. „In Tibet sollte unser Leben besser werden." Sie schickte ihren Sohn vor, um die Lage zu prüfen; ein Jahr später zog sie mit der ganzen Familie nach. Der Laden lief, schließlich eröffnete der Sohn sogar eine Filiale auf der anderen Straßenseite – doch inzwischen hat sich herausgestellt, dass sein Herz die Höhe nicht verträgt. „Jetzt müssen wir wieder zurück", sagt Frau Yu. „Ich habe Angst um meinen Sohn."

Und auch wenn die Chinesin mitunter der Unmut der Ausgegrenzten trifft, hegt sie keinen Groll. Frau Yu geht nicht gern zurück. Zwar ist die tibetische Kultur ihr fremd geblieben – sie sei ja ganz ungebildet, sagt sie entschuldigend. Aber sie werde das gute Wetter vermissen, die Abwesenheit von Insekten, die vielen neuen Freunde. „Chinesen und Tibeter", betont Frau Yu.

→

**Kneipenabend mit Mao: Mag das Leben von Tibetern und Chinesen auch konfliktreich sein. Mitunter schlagen sie sich rein freundschaftlich: beim Brettspiel Mahjong**

Und doch gibt es auch noch Orte, in denen die Tibeter fast unter sich sind. Städte wie Gyantse zum Beispiel, 170 Kilometer von Lhasa entfernt. Dort kriecht der Staub die Häuser hinauf. Die Mauern sind mit kekstrockenem Kuhdung verputzt, und man sieht ihnen nicht an, dass sich dahinter Fernsehgeräte verbergen und elektrische Buttertee-Mixer der Marke Yak.

Auf ungepflasterten Altstadtstraßen schlafen Hunde in der Sonne. Pferdekutscher parken auf der Fahrbahn, schenken einander aus Thermoskannen *chang* ein, das tibetische Gerstenbier. Kühe mit winzigen Eutern und riesigen Hufen warten angeleint auf die Heimkehr in die Ställe, die in den Erdgeschossen der Häuser liegen.

Einst war Gyantse die drittgrößte Stadt des Landes, Tor nach Indien, Zentrum des Teppichhandels, Markt für Gold, Salz und Wolle, für Tee, Tabak und Zucker. Die Schließung der Grenzen nach dem Einmarsch der Chinesen machte der Blüte ein Ende. Und als schließlich die neue Straße von Lhasa nach Shigatse entlang des Yarlung Tsangpo gebaut wurde und Gyantse links liegen ließ, versank der Ort vollends in der Bedeutungslosigkeit.

Denn der Fortschritt braucht Straßen, weshalb er sich bevorzugt an den großen Verkehrsadern angesiedelt hat. Das riesige Hinterland blieb arm und tibetisch, unentwickelt und ungezähmt: Nur Schotter und Beton können es bändigen. Und so fährt der vor Kurzem fertig asphaltierte „Friendship Highway", der Lhasa mit Nepals Grenze verbindet, wie die Peitsche eines Dompteurs über den Rücken dieser uralten Dämonin, die Tibet heißt.

Straff zielt er geradeaus, durch Weiden, Wolken, Gipfel, durch Steppen und karges Weideland. Vorbei an ledrigen Faltengebirgen und saharagleichen Sanddünen, an den geschwollenen Wassern des Lhasa-Flusses und den mächtigen Strömen des Yarlung Tsangpo, an den zahllosen Türkis-Schattierungen des heiligen Sees Yamdrok Yum Tso. Vorbei an den neongrünen Feldern des Nyang-Tals, an neugebauten Dörfern aus weißen Quadern mit den traditionellen schwarzen Fensterrahmen, an Bauern, die mit erhobenen Spaten zum Arbeitseinsatz marschieren wie in einem Bertolucci-Film. Über Pässe in Höhen, deren dünne Luft selbst die Motoren atemlos macht, und schließlich hinab in die Lastwagen-Staus des Grenzdorfs Zhangmu.

Der Verkehr ist ein Kraftakt, mit dem China das Land ans Licht der Welt zerrt. Bis Mitte der 1990er Jahre besaß Tibet nur einen zivilen Flughafen – im kommenden Jahr beginnt der Bau des sechsten, auf 4400 Meter über dem Meeresspiegel der höchste der Welt. Bis 2012 soll die Lhasa-Bahn bis nach Shigatse führen und selbst das erdbebengeschüttelte Berglabyrinth von Motuo an der indischen Grenze, das letzte straßenlose Gebiet Chinas, ans Verkehrsnetz angeschlossen werden.

Der Kampf zwischen Alt und Neu war in Tibet nie eine Sache für Feingeister. Der Alleinherrschaft der Lamas in Tibet ging ein 200 Jahre dauernder Krieg voraus – in dem Mönche gegen Mönche kämpften, einander mit Katapulten, Flammen und Schwertern vertrieben, gewaltsam bekehrten oder massakrierten. Dass die Lehre ein Gefecht ist, führen noch heute jeden Tag die Mönche im Kloster Sera vor, fünf Kilometer nördlich von Lhasa. Um drei Uhr nachmittags versammeln sie sich im kiesbedeckten Debattierhof, die Gebetsketten am linken Arm pendelnd, die rechte Hand zum Schlag bereit. Stürmisch entwickeln die Angreifer ihre Thesen, gewitzte Kombinationen uralter Lehrsätze. Sie schreien, lehnen sich gefährlich weit auf dem Standbein nach hinten. Stampfen dann in einem gewaltigen Ausfallschritt den Fuß in den Kies, schlagen grandios ausholend die rechte in die linke Hand, bleiben noch lang vorgebeugt stehen wie ein Diskus-Sportler nach dem Wurf. Die Verteidiger sitzen am Boden, wehren die hitzigen Attacken mit ruhiger Stimme und gemessenen Bewegungen ab. Sieger ist, wem es gelingt, sein Gegenüber sprachlos zu machen.

Das ist Weisheit als Kampfsport. Ein spielerischer Abglanz jener Gewalt, die in diesem rauen Land seit jeher nötig war, um die Wahrheit durchzusetzen – ganz jenseits westlicher Fantasien vom sanften Friedensvolk. Bis zur Mitte des 20. Jahrhunderts waren in den drei großen Klöstern zehn bis 15 Prozent der Bewohner Kampfmönche, welche den Lehren ihrer Brüder handgreiflich Nachdruck verschafften.

SO BLEIBT AUCH DIE ANGST der chinesischen Zentralmacht wach. Sie glimmt in den allgegenwärtigen Babygesichtern der patrouillierenden Soldaten. Sie zeigt sich in den linkischen Versuchen der Zentralmacht, die Liebe der Tibeter zu kaufen – in den Subventionen aus Beijing, die nach offiziellen Angaben 90 Prozent des tibetischen Haushalts ausmachen, in den Beschwörungen der 12,3 Prozent Jahreswachstum, die Tibets Wirtschaft in den vergangenen neun Jahren bereits erreicht haben soll, oder in der Forderung von Chinas Staatspräsident Hu Jintao, den Tibetern bis 2020 vollends den Wohlstand des Durchschnittschinesen zu verschaffen.

Sie verkörpert sich in den 37 161 Neubauten, die der Staat errichten ließ, um Nomaden vom überweideten Grasland fortzulocken, in den 230 000 Häusern, die er bis Ende 2010 auf dem Land moder- →

nisieren will. In den 20 Prozent Rabatt, die der Staat den Tibetern beim Kauf elektrischer Haushaltsgeräte gewährt – auch wenn der Bauer dann die Waschmaschine lieber als Joghurtschleuder nutzt.

Auf den *nangma*-Bühnen der Beijing Lu aber, im „König von Tibet" etwa, spiegelt sich die Jugend von Lhasa noch immer mit Vorliebe in den alten Trachten der Tänzer: in den Zöpfen, goldenen Überwürfen und Fladenmützen der Adligen, in den Pelzhüten und Pluderhosen der Bauern. Und in der Budweiser-Bar an der Hauptstraße der Boomtown Tsetang, wo sich die chinesischen Viertel fast im Wochentakt ausbreiten und sich Regierungsgelder in glänzenden Fassaden, marmornen Einkaufspassagen und beleuchteten Plastikbäumen inkarnieren, sitzen drei tibetische Freunde hinter zwei Dutzend Flaschen Tsingtao-Bier und reden über Fußball. Aber eigentlich reden sie über Tibet.

Er schätze besonders die afrikanischen Spieler, verkündet einer von ihnen. „Denn die Afrikaner sind wie wir Tibeter", erklärt er: „Schwarz, wirtschaftlich rückständig und ohne viel Lust zur Arbeit."

Und das ist vielleicht nicht einmal Sarkasmus, sondern das, was der Kolonialismus-Theoretiker Frantz Fanon als „Internalisierung" oder „Epidermalisierung von Minderwertigkeit" beschrieben hat – die Zuschreibungen der Sieger sickern dem Verlierer in Fleisch und Haut. In Tibet zeigt sich dieses Phänomen als allgegenwärtiges Achselzucken: Was soll man machen. Die Chinesen sind eben tüchtiger als wir.

Er heiße Tenzin, sagt der Fußballfreund und flüstert seinem Zuhörer ins Ohr: „Wie Tenzin Gyatso, der Dalai Lama." Von Bier zu Bier wird Tenzin mutiger. Dreimal schnippt er mit dem Ringfinger den Schaum in die Luft: „Ein alter Brauch", erklärt er. „Der erste Spritzer ist ein Opfer für den Dalai Lama, der zweite für die Eltern und der dritte für die Freunde." Schließlich hebt er das Glas und sagt: „Wir alle lieben den Dalai Lama. Der Dalai Lama ist unser Vater."

**UND DA IST ER ENDLICH,** das große Phantom, dessen Name nicht genannt werden darf, dessen Bilder von Zollbeamten konfisziert werden. Ein Gespenst, das trotz aller Unsichtbarkeit allgegenwärtig ist: Selbst in den *nangma*-Varietés wagt bisweilen einer der Sänger eine versteckte Anspielung auf den Dalai Lama: „Ich bin ein kleines Kind, ich brauche meine Mutter."

Und noch immer verneigen sich die Pilger im Sommerpalast zu Lhasa, den der Unaussprechliche 1959 Hals über Kopf verließ, stumm vor der Badewanne und dem Bett des Vertriebenen, stopfen Geldscheine hinter die Glasfläche seines Phono-Schranks. Legen Ehrenschals vor seinem Thron nieder – hinter dem tatsächlich noch ein Konterfei des Unaussprechlichen auf einer Wandmalerei prangt. Aber es ist abgesperrt und geschickt mit Lampen verblendet.

Doch das ist ein Geheimnis der tibetischen Kunst: Ein Bild muss nicht sichtbar sein, um zu wirken.

Es muss nur existieren.

---

Fotograf **Boris Joseph** (Foto) arbeitete schon oft unter schwierigen Verhältnissen, mehrfach in Tibet. Der Berliner Reporter und Schriftsteller **Jörg-Uwe Albig** hat sich auch in seinem jüngsten Roman mit China und seinen Minderheiten beschäftigt: In seiner Zukunftsvision „Berlin Palace" strömen die wirtschaftlich längst abgehängten Deutschen als Gastarbeiter ins Reich der Mitte, wo sie als edle Wilde verehrt und verachtet werden – wie heute die Tibeter.

INFO

▶ **TIBET**

## Reise in ein überwachtes Land

**DIE EINREISEBEDINGUNGEN** in die Autonome Region Tibet ändern sich ständig. Zwar sind die Grenzen nach den Unruhen 2008 für Touristen wieder geöffnet, aber je nach politischer Stimmungslage verschärfen oder lockern sich die Auflagen. Am einfachsten ist es, sich als Gruppenreisender den organisierten Touren eines Reiseveranstalters anzuschließen, etwa **Hauser Exkursionen,** *Tel. 089/235 00 60, www.hauser-exkursionen.de,* oder **Henkalaya,** *Tel. 06466/91 29 70, www.henkalaya.de.* Mit dem Rucksack auf eigene Faust nach Tibet zu reisen, ist offiziell nicht möglich – geht mitunter aber doch. Um ins Land gelassen zu werden, müssen Touristen einen Reiseplan vorlegen und nachweisen, dass sie einen chinesischen oder tibetischen Führer und Fahrer gebucht haben. Außerdem benötigen sie ein chinesisches Visum und eine gesonderte Einreiseerlaubnis nach Tibet, das „TAR-permit". Ratsam ist es, Hotels und Flüge erst nach Erhalt dieser Genehmigung zu buchen. Der leichtere Weg nach Tibet führt aber auch für Individualreisende über Reisebüros oder Trekkingagenturen, die alle Papiere besorgen. Aktuelle Reisehinweise auf der Internetseite des **Auswärtigen Amtes** unter *www.auswaertiges-amt.de.* ■

**REISEVERSICHERUNGEN DES ADAC: VOLLE LEISTUNG – AUCH OHNE CLUBMITGLIEDSCHAFT**

Die Reiseversicherungen des ADAC bieten Schutz für alle Globetrotter. Denn den „Basis"-Tarif des ADAC-Auslands-Krankenschutzes kann jeder abschließen, auch ohne Mitglied des ADAC zu sein. Dasselbe gilt bei der ADAC-ReiserücktrittsVersicherung sogar für die Tarife „Basis" und „Exklusiv". Lediglich der „Premium"-Tarif ist den Clubmitgliedern vorbehalten. Einen Überblick über die verschiedenen Tarife finden Sie im Internet unter **www.adac.de/reisekoffer** Oder Sie lassen sich persönlich beraten in einer der ADAC-Geschäftsstellen oder telefonisch unter **0180/2 22 10 17***.

Endlich geht es in den Traumurlaub: weißer Sandstrand unter Palmen und türkisfarbenes Meer bis zum Horizont. Etwas Sightseeing, etwas Schwimmen und vor allem einfach mal die Seele baumeln lassen … Aber was wäre, wenn Sie direkt vor dem Abflug eine Grippe bekommen, die Reiseimpfungen nicht vertragen, unterwegs am Magen-Darm-Virus erkranken oder sich ein Bein brechen würden? Mit den Reiseversicherungen des ADAC sind Sie in jedem Fall auf der sicheren Seite. Wie viel Vorsorge Sie treffen, bestimmen Sie dabei selbst. Die ADAC-ReiserücktrittsVersicherung und der ADAC-Auslands-Krankenschutz bieten dafür je drei Tarife mit unterschiedlichen Leistungen: „Basis", „Exklusiv" und „Premium". Und Sie können zwischen Einzel- und Familienvertrag wählen und so (Ehe-)Partner und minderjährige Kinder gleich mitversichern.

**ADAC-REISERÜCKTRITTSVERSICHERUNG: SCHUTZ NACH WAHL**

Ein Unglücksfall in der Familie oder ein ungeplanter Jobwechsel – Gründe, eine Reise gar nicht erst anzutreten, gibt es viele. Damit das Budget für Ihren Urlaub nicht verloren ist, zahlt die Versicherung im „Basis"-Tarif Ihre Stornorechnung. Beim „Exklusiv"-Tarif springt sie darüber hinaus auch ein, wenn Sie eine Reise vorzeitig abbrechen müssen. Und beim Abschluss des „Premium"-Tarifs ist zusätzlich Ihr Gepäck versichert. Alle Leistungen erhalten Sie mit oder ohne Selbstbeteiligung, weltweit und egal, wie Sie reisen – ob mit Auto, Flugzeug, Schiff oder Bahn.

**ADAC-AUSLANDS-KRANKENSCHUTZ: PRIVATPATIENT IN DER FERNE**

Akute, unerwartete Zahnschmerzen oder heftiger Sonnenbrand können die schönsten Ferien verderben. Der ADAC-Auslands-Krankenschutz übernimmt nicht nur die Kosten für notwendige medizinische Behandlungen bei akuter, unerwarteter Krankheit, er sorgt – falls nötig – auch für Ihren Rücktransport. Ein echtes „Schmerzpflaster" enthält der „Exklusiv"-Tarif: bis zu 30 Tage Krankenhaus-Tagegeld, dazu eine Sofortleistung bei bestimmten Schwerstverletzungen und Übergangsleistungen, falls es mit dem Gesundwerden etwas länger dauert. Und wer auf Nummer sicher gehen will, wählt den „Premium"-Tarif mit unter anderem einer Invaliditätsleistung von bis zu 100.000 Euro. Aber so weit wird es hoffentlich gar nicht kommen. Genießen Sie also ganz beruhigt Traumstrand und wohlig warme Brise – denn die beste Versicherung ist schließlich die, die man nicht in Anspruch nehmen muss.

ADAC

ADAC-Schutzbrief Versicherungs-AG
Am Westpark 8
81373 München

**Weitere Informationen** zu den Reiseversicherungen des ADAC unter **www.adac.de/reisekoffer** oder unter **Tel. 0180/2 22 10 17***

* 6 Cent/Anruf aus dem deutschen Festnetz; max. 42 Cent/Minute aus Mobilfunknetzen

Die Ruhe vor dem Gipfelsturm: das Camp der Himex-Expedition in 5350 Meter Höhe

FOTOS ¬ ALEX TREADWAY UND JOZEF KUBICA TEXT ¬ MARKUS WOLFF

Weit abgeschieden liegt im Himalaya ein seltsames Dorf: In ihm gibt es Internetanschluss, eine Bar und frische Erdbeeren. Einem GEO-Special-Team raubte so viel Komfort glatt den Atem. Vielleicht lag das aber auch nur an der dünnen Luft. Ein Besuch im Basislager des Mount Everest

# Das Sterne-Camp

Verlockende Aussicht, aber das Ziel ist fern. Der Berg der Berge ist vom Basislager aus nicht zu sehen

Spalten und plötzlich einstürzende Eistürme bedeuten ständige Lebensgefahr im Khumbu-Eisbruch

Aufbruch der Sherpas. Ihre Stirnlampen ziehen ein Band aus Licht durch die kalte Nacht

Komfort- statt Todeszone: Im Gespräch oder beim Espresso **an der Bar** wird Wartezeit überbrückt

**DEN PROFESSOR** hat es am schlimmsten erwischt. Hustet sich die Lunge aus dem Leib, schon seit Tagen. Kommt nur zur Ruhe, wenn er sich zum Inhalieren über die Schüssel mit Balsam beugt. Dabei hat er doch nur getan, was alle tun: atmen. Die kalte, trockene, dünne Höhenluft. Aber wer zu gierig nach ihr schnappt, dem schickt sie wie zur Strafe den *khumbu cough*. Neulingen am Berg genauso wie Routiniers. Wer ihn trotzig ignoriert, den lässt er später beim Aufstieg braunen Schleim oder mausgroße Flocken spucken. Oder dem bricht er die Rippen.

Nicht jeden trifft dieser Husten, dem das Tal seinen Namen gab. Aber leicht macht es die Luft keinem. Bestraft jedes hastige Bücken mit Herzrasen und jeden zu schnellen Schritt mit Keuchen. Nepals Basislager am Mount Everest ist das Dorf der Atemlosen.

Oft endet bereits hier, wo doch alles erst beginnen soll, in 5350 Meter Höhe, zu erreichen lediglich per Hubschrauber oder nach rund zehntägigem Marsch in einer Landschaft, die nur noch aus Geröll und Wind besteht. Mehrere Hundert Zelte leuchten dort vor grauem Untergrund, eine Art Wanderzirkus, der zweimal im Jahr auf einer gewaltigen Gletschermoräne gastiert. Die Bewohner sind Alpinisten, Selbstdarsteller, Rekordjäger, auch wenn nach über 4500 Everest-Besteigungen fast nur noch Titel in Nischen-Kategorien zu holen sind: der erste Diabetiker auf dem Gipfel, der erste Mensch auf Karbonprothesen, der blindeste Blinde.

Eiko Funahashi hat mit 70 Jahren immerhin noch einen relativ handfesten Titel vor Augen: älteste Everest-Bezwingerin aller Zeiten. Die Japanerin ist eine zerbrechlich wirkende Frau mit zeitlupenartigen Bewegungen. Pergamentartig ihre Haut, die sich über ein schmales Gesicht spannt. Fast mumienhaft sitzt sie im Campingstuhl ihres Essenszeltes und blickt durch den geöffneten Eingang schweigend auf eine wenig damenhafte Welt: nur Steine, Eis und Yak-Scheiße.

Die Anwältin hat bereits mehrere Versuche hinter sich, den Berg zu besteigen. In einem Jahr starb ein Mitglied ihrer Gruppe, einmal fand ihr Sherpa die Route nicht, auf einer dritten Expedition vergaß man sie eine Woche in Camp I. Wer glaubt, der Weg sei das Ziel, hat nie mit Frau Funahashi gesprochen.

Neben ihr gehören 17 weitere Mitglieder zur Himex-Gruppe, einer von insgesamt etwa 25 Expeditionen, die gerade auf dem Gletscher kampieren. Nicht alle haben den Gipfel im Visier. Mehrere *clean up expeditions* wollen lediglich die Hänge von Müll befreien. Oder von Toten, über 120 liegen am Berg.

Wer zu Himex gehört, will jedoch ganz nach oben. Seit mehr als 15 Jahren bringt die Firma zahlungskräftige Kunden auf den Everest. Für 40 000 Euro in dieser Saison mit dabei: der hustende Professor Jian Wang, Genetik-Experte, der bei der kompletten Genom-Entschlüsselung des arabischen Kamels half; Zahnarzt Stewart Denize aus Neuseeland, der es bislang als seine größte Lebensleistung ansieht, 19 Stücke Pizza hintereinander gegessen zu haben; der 49-jährige Geologe Dorin Baciu aus Rumänien, der dem Dekan seiner Universität vorschlug, zum 150. Geburtstag der Universitatea Alexandru Ioan Cuza deren Fahne auf dem Everest zu hissen, ausreichende Fördermittel vorausgesetzt; obendrein sieben Multimillionäre wie Shi Wang aus China, Besitzer einer der größten Immobilienunternehmen der Welt.

Teilnehmer Nabil Al-Busaidi, der sich vor der Abreise Visitenkarten mit der Berufsbezeichnung „Abenteurer" drucken ließ, könnte es wie Frau Funahashi sogar in die Geschichtsbücher seines Landes schaffen: Vom ersten Omaner auf dem Everest trennen ihn nur noch 3500 Höhenmeter. Allerdings hat der 40-Jährige bislang selten an Orten gestanden, die weiter aufragten als eine Sanddüne. Dafür ist er zum Nordpol gewandert, den viele Einwohner Omans auf der Spitze des Everest wähnten. Es ist daher eine Art didaktische Mission, in der Al-Busaidi auf Bitten seines Landes unterwegs ist.

Helmut Laaff ist der einzige Deutsche in dieser eigentümlichen Schicksalsgemeinschaft. 49 Jahre, verheiratet, Arzt, Porschefahrer, Hobbywinzer. Seit Monaten hat er sich auf den Everest vorbereitet. Hat seine Ernährung umgestellt, keinen Alkohol mehr getrunken, mit einem privaten Fitnesscoach trainiert und am Ende beim Bildschirmschoner das Foto seiner Frau durch die Aufstiegsroute ersetzt. Bräuchte man ein Musterbeispiel für den zielorientierten Deutschen, man würde Laaff vom Fleck weg engagieren. Wohl keiner in der Gruppe hat so diszipliniert auf die Expedition hingelebt wie er, was den Mediziner fast verärgert. „Bei →

Trittsicherheit ist lebenswichtig. Denn eisige Tiefen klaffen unter den Leitern

ganzen Welt nicht: Ein Blick von 8848 Meter ü. NN, hier auf Tibet, ist der Lohn für alle Strapazen

Höher geht es auf der

Erledigt, geschafft, überglücklich. Wie fühlt sich, wer **ganz oben** stand?

William H. Cross wanderte zum Nord- und zum Südpol. Dann zog es ihn in die maximale Höhe. Seiner Diabetes-Erkrankung zum Trotz

Noelle Wenceslao stieg über die tibetische Seite auf und über die nepalesische ab – und überwand so auch ihre Höhenangst

Chris Borrows erkrankte an Krebs – und besiegte ihn. Danach nahm sich der Amerikaner einen zweiten Sieg vor, wieder über sich selbst

Dave Hahn stand als Bergführer schon zwölfmal auf dem Gipfel. Übertroffen wird er damit nur von wenigen Sherpas

Samantha Larson hatte mit 18 Jahren bereits den höchsten Berg fast jedes Kontinents bezwungen. Der Everest fehlte noch

Pavel Bém erfüllte sich mit dem Gipfel einen Jugendtraum. Mit Top-Positionen kennt er sich aus: Bém ist Bürgermeister von Prag

# Siegertypen, von Jozef Kubica gleich nach dem Abstieg fotografiert

Victor Saunders arbeitet schon so lange als Bergführer, dass er umgerechnet fünf Jahre seines Lebens in Zelten verbracht hat

Karina Davondon, gebürtige Philippinerin und Teilnehmerin der ersten Expedition ihres Landes zum Mount Everest

Jeanette Belarmino-Sardenta wurde fünf Monate vor ihrem Aufstieg Mutter. Ihren Sohn nannte sie Himalaya

Ein Sherpa: Ohne Männer wie ihn wäre der Mount Everest nur von ganz wenigen Amateuren zu bezwingen

Ravichandran Tharumalingam aus Malaysia hatte am Everest bereits schwere Erfrierungen erlitten – und ging erneut

Kenton Cool hält mit acht Besteigungen den britischen Rekord. In einem Jahr stand er als Bergführer gleich zweimal auf dem Gipfel

Das war der Gipfel! Die Rückkehr ins Basislager wird zum Freudenfest

manchen kriegst du echt nen Schlag", sagt er und hält die Arme im Halbkreis vor den Bauch: „So 'n Ranzen!"

Auf elf Nationen verteilen sich dick und dünn, 71 Tage werden sie im besten Fall zusammen verbringen, obwohl es wie in einer RTL-Show viele Gründe gibt, vorzeitig aus der Gruppe zu fliegen. Die häufigsten: Krankheit und nachweisliche Berguntauglichkeit. Wie bei der jungen Frau, die im Lager zum ersten Mal Steigeisen anlegte – mit den Spitzen nach oben. Da konnte sie gleich abreisen.

Denn der Leiter der Expedition ist ein ebenso freundlicher wie kompromissloser Neuseeländer, Russell Brice. Ein zäher Mittfünfziger, der in seinem Leben vermutlich mehr Zeit in Schlafsäcken als in Betten verbracht hat. Nach einer Meniskusoperation eilte er 2009 auf Krücken ins Lager. Warum er nicht geritten ist? „Weil ein Pferd so verdammt lahm ist, Mann!" Disziplin, Ausdauer, Härte sind die Bergsteigertugenden, die Brice schätzt. Auch wenn er selbst sie durch seine Arbeit immer entbehrlicher macht. Wer die Kommerzialisierung des Everest kritisiert, meint Männer wie ihn.

Seit etwa 15 Jahren kommt Brice jedes Jahr in den Himalaya, über ein Jahrzehnt brachte er seine Kunden von der tibetischen Seite aus zum höchsten Punkt der Welt. Die Organisation von Tibet aus ist leichter, die Ausrüstung lässt sich sogar mit Lastwagen ins Basislager auf 5100 Meter fahren. 2008, im Jahr der Olympischen Spiele, scheiterte dann eine Expedition wenige Tage vor Beginn an fehlenden Genehmigungen, Brice machte 250 000 Dollar Verlust, sagt er.

Seitdem baut er sein Camp in Nepal auf, wohin Yaks und Träger das Equipment transportieren müssen, insgesamt 30 Tonnen: 300 Zelte, Generatoren, Kocher, Sofas, Tische, Stühle, einen Backofen, einen Flachbildschirm, eine Bar, eine Autorennbahn. Und wenn die defekte Espressomaschine aus Kathmandu zurück sein wird, dann wird es auch wieder Cappuccino geben. In der extremen Höhe findet sich vermutlich mehr Luxus als im gesamten Tal darunter; als wäre die Welt auf den Kopf gestellt.

„Natürlich, die Frage ist: Haben wir dadurch dem Berg das Abenteuerliche genommen?", fragt Brice rhetorisch. Durch den Komfort. Oder durch die Fixseile, die seine Sherpas legen. 5000 Meter, wie ein dicker, abgerollter Faden werden sie sich über Hänge und Flanken bis zur Spitze ziehen. Ist ein Gipfel weniger wert, wenn man auf ihn so sicher wie möglich gelangt?

Brice öffnet eine Mappe mit dem Röntgenbild seines geschraubten Knies, darunter einige Excel-Tabellen: Im Verhältnis zur Zahl der Gipfelbesteigungen ist die der Toten am Berg immer weiter gesunken; gestorben an Lungenödem ist einer der Sherpas. Aber kein Kunde.

MITTLERWEILE sind neun der weltweit 14 Achttausender gefährlicher als der Everest. Das ist nicht nur das Verdienst von Brice, es sind aber die großen Veranstalter, die dafür mitverantwortlich sind. Denn es gibt auch die anderen, die Billiganbieter weiter oben, hinter den verschmutzten Planen, die eher ein Flüchtlings- als ein Bergsteiger-Camp vermuten lassen. Die ihr Geschäft mit *freeloaders* machen, den Trittbrettfahrern, die schlecht ausgerüstet, ohne Sherpas oder Bergführer steigen und anderen Expeditionen einfach hinterherlaufen, gelegte Seile nutzen und in den oberen Camps unerlaubt in den vorbereiteten Zelten schlafen. Die Low-Budget-Kletterer sind ein Grund, weshalb die Zahl der Toten in Brices Excel-Tabelle nicht noch geringer ist.

Aber die beste Logistik mag Sicherheit garantieren – und doch keinen Gipfelerfolg. Für Professor Wang sieht es schlecht aus, er hustet schlimmer als zuvor. Al-Busaidi, Oman, ist gestürzt, Knöchel verstaucht, und den Rumänen Baciu schmerzt beim Anblick der Bergketten zunehmend der Ischias: „Wenn ich liege, ist alles gut. Aber wenn ich laufe – *shit*!"

Vieles eine Sache der Psyche, sagt Monica Piris Chavarri, die Himex-Ärztin. Es geschehe immer wieder, dass selbst die Kräftigsten scheitern, es aber nicht wahrhaben wollen. „Typen, die sonst überall Erfolg haben, verstehen nicht, dass es hier auf einmal anders sein soll." Vergangene Saison ging es für einen durchtrainierten Triathleten schon beim Anblick der bedrohlich aufragenden Séracs im Khumbu-Eisbruch nicht mehr weiter – direkt hinterm Basislager.

Nun gilt der bis auf 45 Grad ansteigende Gletscherrand allerdings auch als gefährlichster Abschnitt der gesamten Route. Zwischen drei und sechs Stunden benötigt ein Bergsteiger, die Passage aus klaffenden Spalten und fragilen Eistürmen zu durchqueren. Vor allem bei Sonnenschein können die Eisgebilde so rasch umstürzen, als wären sie aus Styropor. Ein Ort zum Fürchten. Kann schließlich nicht jeder so unerschrocken sein wie der 57-jährige Ang Nima Sherpa. Der hat seinen Arbeitstag bereits beendet und sitzt nun in zehenfreien Schlappen neben dem kleinen Felsen, auf dem seine Handschuhe und Steigeisen trocknen.

Jeden Morgen gegen halb sechs zieht der Chef der sogenannten Eis-Doktoren mit seinem sechsköpfigen Team hinaus und kontrolliert die Seile und Leitern, mit denen sie zu Beginn der Saison einen →

Was bleibt, ist der **Erfolg**. Vom Lager selbst nicht mal ein Seil

Abendlicht am Everest. Als wäre die kühle Diva ein glühender Stein

Weg durch die Wüste aus verdrecktem Weiß gebahnt haben.

Bereits seit 1975 macht Nima diesen Job, den vielleicht gefährlichsten am Everest. Denn der Gletscher ist in ewiger Bewegung, ein tückischer Fluss aus Eis, der von Zeit zu Zeit bizarres Treibgut anspült: Erst am Morgen wurden zwei Arme gefunden, die aber nicht zueinander passen. Vermutlich gehören sie zwei Sherpas, die vor mehreren Jahrzehnten am oberen Ende ums Leben kamen.

Der Eisbruch sei diese Saison nicht besonders gefährlich, sagt Nima, die Spalten seien nicht zu breit. Oft musste er zum Überbrücken fünf Leitern zusammenbinden, dieses Mal waren es nie mehr als drei. Insgesamt 50 Stück liegen nur dort draußen. Die sammelt das Team am Ende der Saison wieder ein, sofern alles gut geht. Dafür bitten die Männer täglich an ihrem Altar, aus dem eine mit Gebetsfahnen behängte Leiter ragt. „Stark sein reicht nicht, Erfahrung reicht nicht", sagt Nima. „Man muss jede Menge beten."

Im Himex-Lager dümpelt der Tag vor sich hin. Den Everest zu besteigen heißt: warten. Geduldig sein. Mit dem Wetter und mit dem eigenen Körper, der durch Touren in höhere Camps stufenweise auf den Gipfel vorbereitet wird. Aber vor allem heißt es, geduldig zu sein mit den anderen. Nach knapp drei Wochen findet Mediziner Laaff bereits die gemeinsamen Mahlzeiten fast anstrengender als jede Akklimatisationsübung. „Die ganze Rülpserei und Spuckerei geht mir hier wahnsinnig auf die Nerven. Bergsteigen bedeutet doch nicht, unästhetisch zu sein."

Dabei ist es zumindest äußerlich der wohl ästhetischste Zeltplatz weit und breit: Zum Aufstehen reicht das Küchenpersonal Tee und warme Erfrischungstücher, auf den Tischen der mit Teppich ausgelegten Zelte stehen Vasen mit Plastikblumen, und wer mag, kann in Liegestühlen durchs Panoramafenster des weißen Kuppelzeltes der Sonne beim Wandern zusehen.

Auch an der Küche ist nichts auszusetzen, und wer es dennoch tut, den erdet Koch Phurba Tashi Sherpa schnell: „Ist schließlich kein Restaurant hier!" Drei Mahlzeiten serviert er pro Tag, mit jeweils mehreren Gängen. Schon in Kathmandu hat er rund vier Tonnen haltbare Lebensmittel zusammengestellt, darunter 2000 Kilo Kartoffeln, 1500 Kilo Reis, 300 Kilo Zucker, 100 Kilo Salz. Dazu frische Früchte, die in temperierten Behältern hergetragen wurden. Frisches Gemüse, Yak- und Hühnerfleisch kommen einmal pro Woche aus Namche Bazar, der größten Ortschaft des Tals, und am Tag vor dem endgültigen Aufbruch zum Gipfel bringt ein Hubschrauber Lachs und frische Erdbeeren. Wohlgenährt entlässt der Koch die Gruppe dann in den Berg – der seine ganze Arbeit zunichtemacht: Die Kalorien von 30 Schokoladentafeln verbraucht jeder Bergsteiger allein am Gipfeltag. Nicht selten nehmen muskulöse Männer insgesamt 20 Kilo ab.

Bei den meisten anderen Camps ist die Verpflegung eher einfach. Um das zu sehen, reicht beim Gang durch die Lager schon ein Blick auf die in der Sonne ausgebreiteten Planen. Essensreste liegen darauf, die getrocknet an Gewicht verlieren. Denn alles, was auf den Berg hinaufgekommen ist, muss auch wieder hinunter. Jede Leiter, jede Verpackung, jede Kartoffelschale. Rund 4000 Dollar hat Himex-Chef Brice allein für Abtransport und Entsorgung seiner Toilettensäcke einkalkuliert, 1,20 Dollar kostet das pro Kilogramm Inhalt.

Die Auflagen sind streng geworden. Seine in Kathmandu hinterlegte *garbage fee* von meist mehreren Tausend Dollar erhält nur zurück, wer zwischen Basislager und Gipfel keinen Abfall hinterlässt: kein Toilettenpapier, keine Sauerstoffflaschen, keinen Toten. Zumindest das Basislager ist inzwischen wohl einer der saubersten Orte der Welt.

**SPÄTER NACHMITTAG**, im *communication tent* gibt es Tee mit Whiskey, und im Hintergrund knacken die Funkgeräte. Tägliches Treffen der Guides. Nur Brice, drei Bergführer und der Leiter der *climbing sherpas*, ohne die kein Kunde auf den Gipfel käme. Wochenlang brechen die 24 unscheinbaren, enorm kräftigen Männer Nacht für Nacht auf, um die Sicherungsseile zu legen und die höheren Lager einzurichten. Um drei Uhr in der Dunkelheit ziehen sie mit Stirnlampen, schwerem Gepäck und rasselndem Klettergeschirr los, wie Hightech-Zwerge auf dem Weg ins Bergwerk. Als Lichtschlangen winden sie sich durch den Eisbruch, der sie schließlich verschluckt und erst am frühen Vormittag auf dem Rückweg wieder freigibt.

Ein *climbing sherpa* verdient nicht schlecht, 15 Dollar am Tag, mit Prämien bis zu 10 000 Dollar pro Saison. Denn jede Tour wird extra bezahlt, von 14 Dollar für den leichtesten Weg von Camp I nach Camp II bis zu 555 Dollar für den letzten Abschnitt zum Gipfel. Bevor ein Kunde auch nur einen Fuß auf den Everest setzt, hat mindestens ein Sherpa schon ganz oben gestanden. Bergkönige, denen niemand etwas vormacht. Im Kuppelzelt haben sie kürzlich gemeinsam „Cliffhanger" mit Silvester Stallone als kletterndem Ranger gesehen. Laut lachend, dabei ist es gar keine Komödie.

Brice geht die Problemfälle unter den Kunden durch: Der Professor wird es wohl nicht schaffen, der Husten ist zu schlimm. Nach dem Rumänen hat ein Physiotherapeut gesehen. „Vielleicht ist es der Rücken, vielleicht ist es der Kopf", hat der Therapeut danach gesagt. Baciu wird nicht auf den Gipfel gehen, nur weiß er das noch nicht. Genauso wenig wie die 70-jährige Japanerin Funahashi, die bei der Akklimatisierung am Lobuche viel zu langsam war. „Wenn sie in diesem Tempo geht, stirbt sie", meint Brice. „Das sagt jede Statistik." Er wird mit ihr reden. Bald darauf reist sie ab.

Insgesamt werden es wohl weniger Kunden als im Vorjahr auf den Gipfel schaffen. Zu wenige erfahrene Alpinisten in der Gruppe. Brice ist unzufrieden. Die Erfolgsquote ist wichtige Werbung, wichtiger als jede Anzeige. Keinen potenziellen Kunden interessiert, wie viele Kletterer beinahe oben gewesen wären. Brice hat einmal einem Teilnehmer die Umkehr befohlen, als dessen Sauerstoff knapp wurde. Da war der Mann noch 70 Höhenmeter vom Ziel entfernt.

Aber man hat Brice auch schon Erfolgssucht unterstellt, ihn rücksichtslos genannt, ohne Moral. Als seine Teams 2006 auf den sterbenden David Sharp trafen – und angeblich auf Brices Funkbefehl hin weiterzogen. Ob es stimmt? Da hastet der Neuseeländer aufgewühlt durch die Beispiele, wie oft er schon geholfen habe: Low-Budget-Kletterern am Südsattel bekamen von ihm Sauerstoffflaschen, die oben mehr wert seien als Gold und für die er nachher weder Geld noch ein Danke erhalten habe. Und 2009 hat er 18 seiner Männer geschickt, um einen fremden Sherpa aus einer Lawine zu bergen. Und sollte er wirklich Mitschuld an Sharps Tod haben: Warum baten dann dessen Eltern ausgerechnet ihn, ein Jahr später den Rucksack ihres Sohnes vom Berg zu holen und ihnen zu bringen? Aber die Vorwürfe tauchen immer wieder auf, und etwas bleibt stets in den Köpfen haften. Das weiß Brice. Es ist, wie sich bei Schneefall Flocken von der Jacke zu klopfen. Was soll man tun. Er hat sich ein Aufnahmegerät gekauft, seit Sharps Tod schneidet er seinen gesamten Funkverkehr mit.

Im Essenszelt am Abend klingt es wie in einem Sanatorium für Lungenkranke; der Professor ist nicht mehr allein mit seinem Husten. In Daunenjacken sitzt die Gruppe am Tisch, die Kälte kommt schnell im Lager. Wann sie zum Gipfel aufbrechen werden, weiß niemand von ihnen. Das Wetterfenster, auf das sie warten, öffnet sich meist kurz vor dem Monsun. Dann ist es ruhig auf der Spitze, und der Wind fegt nicht mehr den Schnee wie eine Rauchsäule gen Himmel. Den idealen Zeitpunkt berechnet Brice aus den Daten, die ihm eine Wetterstation für 12 000 Dollar pro Saison aus der Schweiz liefert. Das ist Exklusivmaterial, das er mit niemandem teilt. An einem überfüllten Berg ist der Gipfelsturm im besten Fall wie ein Überraschungsangriff. Und wer von ihm zurückkehrt, sagt Himex-Ärztin Chavarri, „wird aussehen, als wäre er im Krieg gewesen. Erschöpft und alt."

**IN DER NACHT DES 21. MAI** verlässt die Himex-Gruppe bei minus 15 Grad Camp IV in 7926 Meter Höhe. Sieben Stunden später stehen vier Bergführer, 17 Sherpas und zwölf Kunden auf dem höchsten Punkt der Welt, darunter ein deutscher Arzt und ein hustender Professor. ■

**▶ BASISLAGER**

## Wo bitte geht's zum Everest?

Ausgangspunkt für eine Tour ins Basislager des Mount Everest ist der rund 2800 Meter hoch gelegene Flughafen Lukla. Von dort dauert der Marsch etwa acht bis zehn Tage, fast durchgehend mit Blick auf imposante Sieben- und Achttausender wie Nuptse und Lhotse. Der Weg ins Zeltdorf auf 5350 Metern ist vor allem im zweiten Teil mitunter enorm steil und anstrengend und erfordert gute Kondition. Häufig bereitet die Höhenkrankheit Schwierigkeiten. Die Reiseveranstalter haben ihre Tagesplanung daher auf eine langsame Akklimatisierung ausgerichtet. Für Individualreisende gilt: Alle zwei bis drei Tage einen Ruhetag einlegen! Zelte sind nicht notwendig, entlang der Route befinden sich Dutzende Lodges. Der Gang durch das Basislager ist ein eindrucksvolles Erlebnis, die Infrastruktur des Camps jedoch nicht auf Besucher ausgerichtet: Es gibt weder Übernachtungsmöglichkeiten für Tagesgäste noch die Chance, Essen oder Getränke zu kaufen. Auch ist das Betreten der meisten Expeditionscamps untersagt. Daher bleiben die meisten Gruppen nur kurz, bevor sie sich auf den Rückweg begeben. Erfahrene Tour-Anbieter sind **Diamir Erlebnisreisen**, *Tel. 0351/31 20 77, www.diamir.de*, und **Hauser Exkursionen**, *Tel. 089/235 00 60, www.hauser-exkursionen.de*.

Fotograf **Alex Treadway** verbrachte fast eine ganze Saison im Basislager. Gern wäre er weiter aufgestiegen. GEO-Special-Redakteur **Markus Wolff** wurde schon beim Gedanken daran höhenkrank.

# FORSCHUNG AN DER

Eine Science-Fiction-Erscheinung auf 5050 Meter über dem Meer: die Forschungspyramide in Nepal

In einem abgeschiedenen Labor in der Nähe des Mount Everest erschließen Wissenschaftler die Höhe und mit ihr den Himalaya

TEXT ¬ CHRISTIAN HEINRICH

# WELTSPITZE

**EIN YAK BEI DEN SONNENKOLLEKTOREN!** Mit Wucht rammt es seine Hörner gegen die Anlage. Kaji Bista und Chhimi Tenzing Sherpa hasten zur Umzäunung, in die sich das wütende Tier verirrt hat, schneiden mit der Blechschere eilig ein Loch in die Maschen. „Go! Go! Go!"

Das Yak drängt hinaus, an den Drähten hinterlässt es dunkle Haarbüschel. Aber die Solaranlage ist intakt, kollektive Erleichterung bei den Nepalesen. Denn ohne Strom kann es schnell unangenehm werden an ihrem exponierten Arbeitsplatz, dem vermutlich höchsten Labor der Erde: 5050 Meter über dem Meeresspiegel.

Ein seltsam anmutendes Gebäude ist es, umgeben von schneebedeckten Gipfeln, das leuchtet wie das bizarre Relikt einer untergegangenen Hochkultur. Eine Pyramide aus Aluminium, Glas und Stahl, die der rauen Umgebung trotzt. Dem Schnee, dem eisigen Regen, den Temperaturen, die tagsüber auf 15 Grad Celsius und mehr klettern können, um in der Nacht auf unter minus 15 Grad zu stürzen. Eine 13,20 Meter breite und 8,40 Meter hohe Hightech-Insel, auf der sich Forscher mit Fragen der Umwelt- und Geowissenschaften befassen, der Medizin, der Physiologie und mit neuen Technologien. Wie lange, zum Beispiel, hält die jüngste Generation von Solarzellen durch?

Die Idee der Station reicht weit zurück: Mitglieder einer amerikanischen Expedition behaupten 1986, der K2 überrage den Mount Everest um einige Meter. Um alle Spekulationen um den höchsten Berg der Erde zu beenden, gründen der Alpinist Agostino Da Polenza und der Geologe Ardito Desio mit dem italienischen Forschungsrat das „Ev-K2-CNR Project". Sie arbeiten mit einem satellitengestützten System zur Positionsbestimmung, GPS; eine Innovation zu dieser Zeit. Und beweisen ohne Restzweifel: Der Everest ist der König der Berge.

Doch die Arbeit in der Höhe ist kompliziert. So beschließt die Organisation, eine Station zu bauen, die Höhenforschung künftig vereinfacht; die Zeiten unzuverlässiger Generatoren und Übernachtungen in Zelten sollen ein Ende haben. Den idealen Platz für ein Gebäude finden die Wissenschaftler in einem Seitenarm des Khumbu-Tals: hoch genug und gleichzeitig gut zu Fuß vom Flughafen in Lukla aus zu erreichen. Die Grundversorgung sichern Siedlungen in der Nähe, und doch ist die Luft für Messungen rein genug. Zudem sind Gletscher und Bergseen von hier aus schnell zu erreichen. Ein kühles Forscherparadies.

Rund 220 Wissenschaftler aus der ganzen Welt haben seither in der Pyramide gearbeitet, Geologen, Mediziner, Klimaforscher. Sie haben die höchste automatische Wetterstation der Welt in Betrieb genommen, vermessen, um wie viel Millimeter genau sich der Mount Everest jedes Jahr nach Norden verschiebt, und untersuchen, wie sich die Gene von Tibetern an die Höhe angepasst haben. Die Liste der Forschungsgebiete ist lang, genau wie der verdienstvollen Ergebnisse: Mehrere Hundert stammen aus den Untersuchungen im Himalaya.

**ES SIND GERADEZU ATEMRAUBENDE ARBEITEN,** denen die Besucher der Pyramide nachgehen, denn die Luft enthält hier halb so viel Sauerstoff wie auf Meereshöhe. Immer wieder wird daher der eigene Körper zum Forschungsobjekt. Wie der von Luka Pomidori. Der Student sitzt im Medizinischen Raum auf einem Heimtrainer und tritt schwitzend in die Pedale. Auf dem Mund eine Maske, die seine Atmung überwacht; auf seiner Brust Elektroden, mit deren Hilfe die Erregung der Herzmuskeln aufgezeichnet wird; an seinem Zeigefinger ein Lichtsensor zur Ermittlung der Sauerstoffsättigung. Hinter dem Probanden wacht Annalisa Cogo, Lungenärztin und Höhenmedizinerin. Auf einem kleinen Bildschirm beobachtet die Italienerin, was sich im Körper der Testperson abspielt.

Wirklich spannend wird es für Cogo aber erst, wenn ihr Proband auf die Toilette geht. Denn die Ärztin ist mit einer Hypothese angereist: Wer in großer Höhe mehr atmet – ein Zeichen für eine erfolgreiche Anpassungsreaktion –, muss auch mehr Wasser lassen. Um das zu belegen, hat die Wissenschaftlerin sieben Freiwillige mitgebracht, die meisten sind Kollegen aus ihrer Universität in Ferrara. Alle setzt sie auf den Heimtrainer, bei jedem führt sie Buch darüber, wie viel Wasser er trinkt und ausscheidet. „Wenn diejenigen, die hier oben besonders schnell atmen, auch mehr pinkeln müssen, habe ich recht", sagt Cogo.

Auch wenn die Forschergruppen längst international sind, bilden Italiener noch immer die Mehrheit. Cogo ist zum vierten Mal in der Pyramide. Neun Tage brauchte sie für die Anreise: Flug nach Kathmandu, Weiterflug nach Lukla, sieben Tage wandern – dann war sie am Ziel. Knapp vier Wochen dauert ihr →

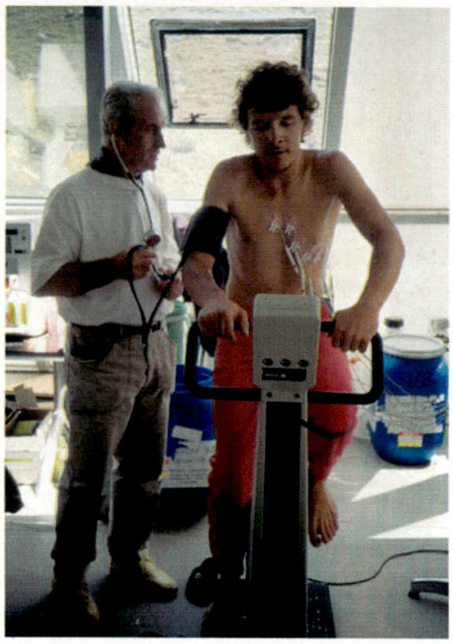

Aufenthalt, jeder Tag ist kostbar. Zumal sie, wie alle anderen hier, langsamer reagiert und handelt als auf Meereshöhe. Auch das Kurzzeitgedächtnis leidet unter dem geringen Sauerstoffgehalt der Luft. „Gestern habe ich eine halbe Stunde in der ganzen Station nach meinen Batterien gesucht", sagt Cogo.

Doch das sind die kleinen Probleme, eines der größten dagegen: die Höhenkrankheit. Mitunter erkranken die Wissenschaftler selber an dem, woran sie seit Jahren forschen. Denn auch ihr Körper schafft es manchmal nicht, angemessen auf den abnehmenden Sauerstoffgehalt zu reagieren. Den 24-jährigen Physiologiestudenten Mickey Fan erwischte es zwei Tagesmärsche von seinem Ziel entfernt: Mit 20 neuseeländischen Wissenschaftlern wollte er in der Pyramide Atemaussetzer während des Schlafens in großer Höhe untersuchen. Zuerst ignorierte er die einsetzenden Kopfschmerzen, dann kamen Übelkeit, Erbrechen, Schwindel hinzu. Weiter aufzusteigen war unmöglich. Erst nach drei Tagen Pause erreichte er schließlich die Station.

# WAS MACHT DIE HÖHE MIT DEN GENEN, UND WARUM IST DIE PASTA NUR AL DENTE?

Immer wieder suchen auch erkrankte Wanderer und Träger die Pyramide auf, um sich gegen die Krankheit behandeln zu lassen, die zu Lungen- und Hirnödemen führen und tödlich enden kann. Jeder in der Umgebung weiß: Die Ausrüstung hier ist hervorragend, und meist ist mindestens einer der Forscher Arzt. Längst spielt die Station aber auch eine wichtige soziale Rolle in der Khumbu-Region: Als vor einigen Jahren die Wilderei drastisch zunahm, hat die Einrichtung den Rangern bessere Funkgeräte geschenkt. Und 2008, in der Zeit der Wahlen in Nepal, kam täglich eine Traube von Trägern vorbei, um im Fernsehen die Bekanntgabe der Ergebnisse zu verfolgen.

**KLEIN UND ZERBRECHLICH** sieht die gläserne Pyramide aus einiger Entfernung aus. Das lang gestreckte Tal, in dem sie liegt, ist nur ein paar Dutzend Meter breit. An den Seiten ragen schroffe Felswände in die Höhe, und die Ausläufer eines Gletschers reichen bis fast vor die Tür des Gebäudes.

Es war ein logistischer Kraftakt, die Anlage mit der angrenzenden zweistöckigen Wohnhütte hier zu errichten. Neben den Baumaterialien mussten allein mehr als 3000 Kilogramm Forschungsausrüstung von Lukla herangeschleppt werden, das meiste von nepalesischen Trägern. Rund 20 Personen bietet die Station nun Platz.

Und neben technischen Herausforderungen hatten sie zu Beginn auch ein paar unerwartete Schwierigkeiten im Alltag zu meistern: Zwar gab es Parmaschinken und Parmesankäse, aber die Pasta schmeckte selbst für den italienischen Gaumen eine Spur zu al dente. Kein Wunder, erkannten die Forscher schnell, das Wasser kocht in dieser Höhe schon bei etwa 85 Grad – und diese Hitze reicht nicht aus, um die Nudeln zu garen. Erst einige Monate später schafften Hochdrucktöpfe Abhilfe, und auch sonst wurde es behaglicher. Inzwischen dient ein Zimmer als Sauna, und im Badezimmer staunen nepalesische Besucher noch immer über den Föhn an der Wand.

**KEUCHEND STEIGT DER 48-JÄHRIGE BIOLOGE ANDREA LAMI** zu einem See hinauf, dem er Wasserproben entnehmen will. Der Wissenschaftler am italienischen Institut zur Untersuchung von Ökosystemen kennt LCN9, wie der See in der Wissenschaft genannt wird, besser als jeder andere Mensch. Seit fast zwei Jahrzehnten verbringt er regelmäßig einige Wochen an den Ufern von LCN9. Mithilfe automatischer Messstationen beobachtet Lami inzwischen auch von Italien aus Temperatur, Wasserstand und chemische Zusammensetzung des Sees. Jüngstes Ergebnis der Langzeituntersuchung: Die Menge Kalzium- und Sulfationen im Wasser hat sich in den vergangenen 15 Jahren fast verdoppelt. Dies deutet auf verstärkte Erosion in der Umgebung hin; vermutlich ein Klimaeffekt.

Dicke Luft herrscht nie – im Gegenteil: Viele Experimente beschäftigen sich mit der Frage, wie der Körper auf den geringen Sauerstoffgehalt in über 5000 Metern reagiert. Der niedrige Luftdruck bedeutet nicht nur für Menschen eine Herausforderung, sondern auch für Versorgungshubschrauber, die das Labor anfliegen

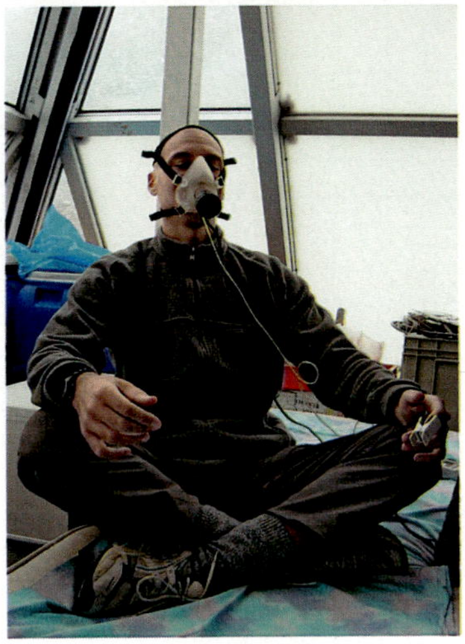

In einem kleinen gelben Boot rudert der Forscher hinaus. „Der See scheint höchst sensibel auf klimatische Veränderungen zu reagieren. Aber für genaue Schlussfolgerungen ist die Datenreihe noch zu kurz", sagt Lami nach einer Weile. „Manche", fügt er an, „bezeichnen die Gletscher im Himalaya als dritten Pol." Klar ist: Sie versorgen Millionen Menschen mit Trinkwasser. Wenn sie schmelzen, wäre das eine Katastrophe. Es käme zu gewaltigen Überschwemmungen – und anschließend vermutlich zu extremem Wassermangel.

**AM ABEND BRECHEN BISTA UND SHERPA** zu einem letzten Kontrollgang durch die Pyramide auf. Bista klettert über eine Leiter in den „Top Room", den Raum in der Spitze. Von hier wird die Verbindung zu einem rund 36000 Kilometer entfernten Satelliten gehalten, der für eine Telefonverbindung und einen langsamen, aber stabilen Internetanschluss sorgt.

Zur gleichen Zeit sitzt im knapp 7000 Kilometer entfernten italienischen Bergamo der Techniker Gianpietro Verza am Bildschirm vor einem Grundriss der Pyramide. Eine Art weit entfernter Hausmeister ist er. Wenn er wollte, könnte er dank raffiniertem Hightech jede einzelne Lampe in der Forschungsstation an- und ausschalten. Verza greift zum Telefonhörer. Bista hebt ab.

„Ich habe gesehen, dass noch Licht bei euch ist", sagt Verza.

„Wir machen jetzt erst den Rundgang, sind vorher nicht dazu gekommen", sagt Bista.

„Wo ich dich gerade dran habe. Habt ihr den neuen GPS-Empfänger aufgebaut?"

„Morgen", sagt Bista und legt auf.

Ein eingespieltes Team sind sie, selbst über Tausende Kilometer hinweg. Obwohl meist nur zwischen September und Mai Wissenschaftler in der Pyramide forschen, bleibt die Station das ganze Jahr über besetzt: Mindestens drei nepalesische Mitarbeiter halten sich immer in der Anlage auf. Nur so sind viele Dauerprojekte möglich. Das „Nepal Climate Observatory-Pyramid", NCO-P, etwa, das auf 5079 Meter Höhe in der Nähe der Forschungspyramide liegt.

Eine Vielzahl von Kameras und sensiblen Messinstrumenten soll Erkenntnisse liefern, wie sich Umweltverschmutzung und Klimawandel auf die höchsten Regionen der Erde auswirken. Im April 2010 ließ sich durch NCO-P sogar zeigen, dass Emissionen aus südasiatischen Waldbränden bis in den Himalaya gelangen. Die Nachricht schaffte es in die internationale Presse.

So viel Aufmerksamkeit erfahren nur wenige der Pyramiden-Forscher. Immerhin: Andrea Lami findet – zurück in Italien – in seinen Wasserproben eine neue Algenart. Der neuseeländische Student Mickey Fan erhält für seine wissenschaftliche Arbeit immerhin den Nachwuchspreis der Königlichen Gesellschaft von Neuseeland.

Und Annalisa Cogo? Sie beweist ihre Vermutung, dass häufigeres Urinieren eine Anpassungsreaktion des Körpers an die Höhe ist. Der Titel ihrer Veröffentlichung lässt allerdings kaum erahnen, wie wenig trocken Forschung auf über 5000 Metern sein kann: „Verhältnis zwischen individuell respiratorischer Reaktion und akuter renaler Wasserausscheidung in großer Höhe". ■

Es war der wohl längste Weg, den Autor **Christian Heinrich** jemals für eine Recherche zurücklegen musste. Eine Woche war der promovierte Mediziner vom Flughafen Lukla aus zu Fuß unterwegs, bis er mit Führer Mingma Nuru Sherpa sein Ziel erreichte. Verstärkten Harndrang dort hat er an sich nicht beobachtet.

# Einen Moment, bitte!

Ob in Indien oder Bhutan: Beim Schlendern durch die Straßen gehen uns immer wieder ähnliche Gedanken durch den Kopf: Wie kommt der Händler über die Runden? Wohin reist wohl die Touristin dort? Und was macht eigentlich ein Tempel-Priester den ganzen Tag? Man wird ja mal fragen dürfen …

FOTOS ¬ ALEX TREADWAY TEXT ¬ KATJA TRIPPEL

Sechs aus vielen, die gerade die Laxman Jhula im nordindischen Rishikesh bevölkern. Auf den nächsten Seiten kommen Sie ihnen näher

***Rakesh Bhemdari, 20,***
***Student und Rafting-Guide***

„**ICH STUDIERE GEOGRAPHIE, POLITIK UND HINDI** und habe in den Ferien den coolsten Studentenjob von Rishikesh: Rafting-Guide. Das macht irre Spaß – obwohl es sehr anstrengend ist. Manchmal paddele ich dreimal am Tag mit Reisegruppen den Ganges hinunter, 26 Kilometer mit 14 Stromschnellen. Davon ist zwar keine gefährlich, aber ich muss auf alles achten: dass die Leute ihre Rettungswesten und Helme richtig anziehen, dass sie nicht aus dem Schlauchboot fallen oder in Panik geraten, wenn es doch einmal passiert. Oder dass sie in die richtige Richtung rudern, wenn wir Felsen ausweichen müssen.

Wichtig ist gute Stimmung an Bord. Darum reiße ich beim Einstieg immer meine drei, vier Aufwärmwitze, nach der ersten Stromschnelle folgen ein paar Songs zum Mitsingen, und beim Stopp in einer Bucht stürze ich mich von einem Felsen per Salto ins Wasser – ab da hält mich meine Crew endgültig für einen Helden. Mir gefällt das natürlich, aber eigentlich geht es bei der Clownerei um etwas anderes: Die Leute vergessen ihre Angst. Und können das Ganges-Tal entspannt genießen.

Die Landschaft ist wunderschön. Rechts und links ragen die ersten grünen Ausläufer des Himalaya in den Himmel, die Gipfel der Manikoot Mountains sind für mich der Höhepunkt. Ich liebe den Blick auf diese steilen Berge – aber nur vom Wasser aus. Selber hochzusteigen ist mir ehrlich gesagt zu anstrengend, erst recht mit Rucksack! Andererseits müsste ich mehr bergsteigen, um in den Beinen so kräftig zu werden wie in den Armen.

Ich will nach der Universität unbedingt Berufssoldat werden beim Garhwal Rifle Regiment der Indischen Armee. Ich glaube, das ist ein Beruf, bei dem einem nie langweilig wird. Bei Umweltkatastrophen helfen, oder wenn mein Vaterland angegriffen würde – das ist genau mein Ding. Außerdem werden Militärs offenbar gut bezahlt und häufig versetzt. Ich könnte ganz Indien kennenlernen, vielleicht sogar das Ausland. Na ja, warten wir ab. Beim ersten Aufnahmetest bin ich durchgefallen, zu schlechtes Allgemeinwissen. Dieses Jahr stehen meine Chancen besser. Durch die Gespräche mit meinen Rafting-Kunden habe ich viel gelernt und bin selbstbewusster geworden. Auch Mädchen gegenüber. Früher wurde ich rot und stumm wie ein Fisch, wenn mich eines angesehen hat. Heute schieben mir dauernd Touristinnen ihre Telefonnummern zu, und ich lächle einfach nur nett zurück. Heiraten will ich ohnehin noch nicht, meine Eltern sehen das ähnlich. Wenn es so weit ist, kann ich immer noch entscheiden, ob ich ihnen die Wahl überlasse oder versuche, eine echte Liebesheirat hinzukriegen. An Kandidatinnen mangelt es jedenfalls nicht."

**Vijay Durg, 42, Fruchthändler**

„**EIN GLAS FRISCHER ORANGENSAFT?** Mit Ananas oder Granatapfel? Nicht teuer, nur 20 Rupien. Oder Mangos? Sehr süß, nur 10 Rupien. Das sind die einzigen Sätze, die ich auf Englisch kann – falls mal ein Ausländer an meinen Stand kommt. Die meisten Kunden sind aber Inder, die hier am Fuße der Berge Urlaub machen und sich eine Erfrischung gönnen. Sie kommen aus allen Ecken des Landes – genau wie mein Obst, sage ich immer. Die Orangen aus Naschik, Mangos aus dem heißen Uttar Pradesh, Aprikosen aus den Bergen, Ananas aus Assam, Bananen aus Mumbai, die Granatäpfel aus Kandahar in Afghanistan.

Ich selbst stamme aus der Region Bihar, an der Grenze zu Nepal. Aber dort ist das Leben schwer. So schwer, dass ich mit meinem Bruder und meiner Frau weggehen musste, um nicht zu hungern. Wir sind nach Rishikesh gezogen, weil ein Onkel hier lebt, und heute kann ich sagen: Es war eine gute Wahl. Vor allem seit ich nicht mehr als Schweißer arbeite, sondern Obst verkaufe. Ich habe ganz klein angefangen mit einem Stück Pappe am Busbahnhof, auf dem fünf Mangos lagen. Jahr für Jahr habe ich mich verbessert, meinen Wagen gebaut, ihn dann blau angemalt und mich Meter für Meter weiter in Richtung Laxman Jhula vorgekämpft; hier auf dem Hauptplatz darf nämlich nicht jeder seinen Stand aufbauen. Alles muss man mit den Nachbarn aushandeln.

Ich war aber immer ehrlich, vermeide jeden Streit. Deswegen respektieren mich die Leute. Mein ältester Sohn ist auch sehr anständig. In den Ferien hilft er mir am Stand und beim Einkaufen. Alle zwei Tage fahren wir mit meinem Moped zum Großmarkt im Zentrum von Rishikesh. Dort ist die Ware sehr billig, vor allem wenn man die Händler kennt. Für ein Kilogramm Mangos zahle ich je nach Saison 20 bis 25 Rupien und verkaufe sie pro Kilo mit 5 bis 7 Rupien Gewinn (rund 10 Cent). Der Preis für Orangensaft ist bei mir für Einheimische und Ausländer übrigens gleich. An guten Tagen in der Hochsaison habe ich abends 300 Rupien (etwa 5 Euro) verdient, in der Nebensaison selten mehr als 200 (rund 3 Euro).

Zurzeit warten wir alle etwas nervös auf den Monsun. Der ist wichtig, denn mit ihm beginnt die Erntezeit.

Entschuldigung, ich muss eben den Schraubenzieher suchen. Meine Fruchtpresse fällt auseinander. Hören Sie, wie laut sie quietscht? Kein gutes Zeichen ... Täglich muss ich die Schrauben nachziehen. Eine neue kostet 3000 Rupien, dafür müsste ich mehr als 300 Mangosäfte verkaufen! Ich hoffe, im Oktober kommen wieder die Brasilianer in den Aschram. Sie sind Anhänger des Gurus Maharaji – und meine besten Kunden. Sie bleiben viele Wochen zum Meditieren, wechseln ihren Namen und beten mit dem Swami. Eigentlich sind sie doch Christen, oder? Vergessen sie ihre ursprüngliche Religion? Manchmal wundere ich mich schon über diese Ausländer.“ →

***Swami Satyapal, 68, Tempel-Priester***

**AUF DEM FOTO ÜBER SEINEM PODEST** im Hinterzimmer des Tempels sieht Swami Satyapal aus wie eine indische Variante von Rock Hudson: markantes Kinn, dunkle Augen, eindringlicher Blick. Ein schöner Mann. „Ein schlechter Mann." So spricht der Priester mit seiner leisen, singsangartigen Stimme über sich selbst, während sein Kopf bedächtig vor und zurück schaukelt. Sie wird nicht changieren, nicht stocken oder lauter werden, egal was er aus seinem Leben erzählt. Die unglückliche Ehe, die Sauftouren, der totale Absturz, als seine Frau ihn mit den Kindern verließ. All das habe er hinter sich gelassen – dank seines Gurus vom Aschram gegenüber. Während einer Pilgerreise vor 17 Jahren habe ihn dieser auf den Weg der Erleuchtung geführt. Seither, sagt der Swami, sei sein Herz leicht und von allen Sorgen und persönlichen Beziehungen befreit. Seither fühle er nur noch eine Pflicht: seinen inneren Frieden an andere Suchende weiterzugeben.

Und die kommen zahlreich. Rishikesh ist Eingangstor des Pilgerwegs Char Dham zu den vier heiligen Hindu-Stätten im Himalaya – und Swami Satyapal längst eine Berühmtheit. Er empfängt ab halb acht Uhr morgens auf seinem thronartigen Lager, im Yoga-Sitz, nur mit seinem *dhoti*, dem weißen traditionellen Beinkleid umhüllt und von zwei Ventilatoren belüftet; barfuß, Bart und Haare hängen fast bis auf die Knie. Durch die offene Tür zum Hauptsaal des Tempels wehen Gesänge und der Duft eines würzigen Feuers. Neben ihm liegen die Brille, drei Telefone und ein Metallkistchen. Seine Jünger, Frauen und Männer, kommen nacheinander herein, küssen seine Füße, legen Nelken oder Geldscheine neben ihn, wagen den Meister aber kaum anzusehen. Dabei ist sein Blick stets gütig, auch wenn er meist ins Leere zielt. Kaum haben die Pilger den Raum verlassen, tritt ein Diener vor und sammelt die Scheine ein.

Für Gläubige, die größere Sorgen quälen, bietet der Swami auch Einzeltermine an. „Meist geht es um die Familie", sagt er, „kranke Kinder, keine Kinder, kriminelle Kinder – ich empfehle ihnen *puja*-Opfergaben und versuche, durch Gebete und Mantras zu helfen, so gut ich kann." Bei schweren Fällen konsultiert er seinen Guru. Jeden Abend Punkt 18 Uhr treffen sie sich zum Zwiegespräch, die 50 Meter über den Platz sind seit 17 Jahren Satyapals einziger Ausflug in die Welt außerhalb der Tempelmauern.

Doch vielleicht nicht mehr lange. Swami Satyapal klappt mit einer bedeutsamen Geste eine Schatulle auf, scheucht die Motte fort, die daraus flüchtet und zieht einen neuen Reisepass hervor. Eine Jüngerin hat den Priester in die Ukraine eingeladen, damit er ihr in einer schwierigen Lebensphase beistehe. Das Ticket zahlt sie. Das einzige Problem: Sein Guru ist dagegen. Der Swami seufzt. „Noch ist nichts entschieden." Er klappt die Kiste wieder zu. „Die göttliche Eingebung wird mir wie immer den Weg weisen." →

पंचमुखी गणपती

***Kaja Gleiß, 20, Rucksacktouristin***

**„RISHIKESH IST DIE LETZTE STATION** meiner Indien-Reise, sechs Monate war ich insgesamt unterwegs. In Dharamsala, wo ich vorher zwei Wochen lang weit oben in den Bergen war, hat mir ein Yoga-Lehrer Kurse in Rishikesh empfohlen; außerdem habe ich immer wieder Backpacker getroffen, die von diesem Ort schwärmten. Deshalb habe ich mich in Chandigarh in den Bus gesetzt – und war sechs Stunden später hier.

Was mir gefällt, ist diese Mischung aus indischem Trubel, Spiritualität und westlichem Lebensstil. Auf den Straßen herrscht das übliche Chaos mit Rikscha-Gehupe und rauchenden Grillständen. Gleichzeitig trifft man überall Pilger, die von den Tempeln zu den Ghats ziehen, den Treppen am Ganges, wo sie ihr rituelles Bad nehmen. Und direkt daneben kann ich in einem klimatisierten Café mit Blick auf die Gipfel einen Cappuccino trinken – endlich mal wieder! Eigentlich hatte ich vor, in einen Aschram zu gehen und Yoga zu lernen. Aber irgendwie fehlt mir dazu die Ruhe. Und inzwischen auch die Neugier. Ich bin einfach erlebnissatt nach der ganzen Zeit.

Meine ersten drei Monate habe ich bei einer indischen Familie in einem abgelegenen Dorf im Südwesten des Landes gewohnt und Schulkindern Englisch- und Computerkurse gegeben – im Sari, wie es sich für eine Frau auf dem Land gehört. Das Eintauchen in diese traditionelle Welt war eine großartige Erfahrung!

Als ich dann mit dem Rucksack weitergezogen bin und die ersten anderen Backpacker traf, war ich geschockt: Die liefen in Hotpants und Tops herum, als wären sie im Beachclub, und stolperten von einem kulturellen Fettnäpfchen ins nächste. Meine Güte, man kann sich doch ein bisschen informieren! Dass man in Indien nicht mit der linken Hand isst; oder sich zumindest eine lange Hose anzieht. Hier in Rishikesh ist natürlich alles ein bisschen lockerer, hier kommen ja seit den 1960er Jahren Freaks aus aller Welt vorbei.

Jetzt freue ich mich aber auch auf zu Hause und lasse es mir zum Abschied noch gut gehen. Morgen gönne ich mir eine Ayurveda-Massage und werde im Ganges baden. Das war es dann – für dieses Mal. Denn dass ich zurückkomme, ist längst beschlossene Sache."

***Raj Kumar, 35 Jahre, Friseur***

**MORGENS UM SIEBEN,** wenn Friseur Raj Kumar seinen Salon aufschließt, stehen die Kunden schon Schlange. Obwohl – auf einen Schnitt wartet zu dieser Uhrzeit niemand. Die Männer kommen nur kurz vorbei, um sich mit Kumars Bürste den Schlaf aus den Haaren zu kämmen. Ein ordentlicher Seitenscheitel, die Strähne über den fast kahlen Schädel gelegt, so können sie zur Arbeit gehen. „Stammkunden müssen dafür nichts zahlen", erklärt Kumar freundlich. „Gehört zum Service."

Raj Kumars Salon ist eine Bretterbude mit Spiegel, provisorisch zusammengenagelt und von einer Leuchtstoffröhre erhellt, dazu zwei Frisierstühle mit verstellbaren Kopfstützen, an der Wand ein Regal mit Tuben und Rasierpinseln, am Boden ein Ventilator, ein Wasserkanister, eine Mausefalle. Seit 1999 schneidet der stille, schmale Friseur hier an sechs Tagen in der Woche von morgens bis neun Uhr abends die Haare mit der alten, schweren Stahlschere seines Vaters, auch Friseur. Geschnitten wird trocken, fließendes Wasser gibt es nicht.

An der Wand ein Poster mit 20 Bollywood-Star-Porträts, deren Frisuren Kumars Kunden inspirieren sollen. „Habe ich letztes Jahr aus Delhi mitgebracht", sagt er, „die neuesten Trends!" Dazu zählt auch die Tönung, mit der er graue Strähnen in tiefschwarzes Haar verwandelt, das nachher glänzt wie sein eigenes. Kumar blickt in den Spiegel, lächelt zufrieden: „Die indischen Männer legen immer mehr Wert auf ihr Äußeres. Und ich mache alles, was sie wollen."

Für eine Rasur kommen Kunden sogar von der anderen Ganges-Seite zu ihm herüber. 10 Rupien kostet die Wohlfühl-Behandlung inklusive Schaum, Gesichtsmassage und dem indischen Aftershave Vi-John, 25 mit dem westlichen AXE. Wer 10 weitere Rupien übrig hat, dem zupft Kumar auch das Dreieck zwischen den Augenbrauen. Nicht etwa mit einer Pinzette („Da wachsen die Härchen zu schnell wieder nach"), sondern mit einer raffinierten Schlinge aus drei Fäden. Zwei davon hält er in seinen Händen, einen zwischen den Zähnen, legt sie um den Haaransatz und – zieht ruckartig hoch.

Gefällt ihm sein Beruf? Nachdenklich beißt Raj Kumar auf einer Betelnuss herum und spricht durch rot gefärbte Zähne: „Ich mache meine Kunden happy, das gefällt mir. Ich kann meine Frau und meine zwei Kinder ernähren. Ich habe nette Nachbarn, mit denen es immer etwas zu bereden gibt. Nur die Behörden machen mir Sorgen." Beim letzten Kumbh Mela zum Beispiel haben sie seinen Salon einfach abgerissen. Er passte optisch nicht ins Bild des Pilgerfestes. Kumar konnte ihn wieder aufbauen, aber investiert seither nur noch das Nötigste. Seine Kunden haben zum Glück Verständnis dafür. „Die wissen eben, worauf es bei einem Friseur ankommt." →

***Urmila Singh, 36, Zimmermädchen, Blumenverkäuferin, Masseurin und alleinerziehende Mutter***

**VIELLEICHT IST ES 15 QUADRATMETER GROSS** das Zimmer auf dem Dach eines Mietshauses, in dem Urmila Singh mit ihren drei Söhnen lebt. An einer der türkisfarben gestrichenen Wände lehnen die Taschen mit den sorgsam verpackten Kleidern, an der anderen die zusammengerollten Matratzen, über die sie tagsüber ein geblümtes Tuch wirft. Ihr Trinkwasser kühlt Urmila Singh in einem Tongefäß, das neben dem Gaskocher unter dem Fenster steht, genau wie ihre kleinen Vorräte: Reis, Mehl, Zucker und Masala-Gewürz.

Sie sieht müde aus. Gerade erst ist sie nach Hause gekommen und kocht sich, wie jeden Abend, einen Chai-Tee. Ihr Tag war lang, sie würde gern nur fünf Minuten in Ruhe durchatmen, doch ihr jüngster Sohn verlangt Aufmerksamkeit. Er hat Kopfschmerzen, kuschelt sich an den Rücken der Mutter. Sie nimmt seine Hände und massiert sie geduldig. Der Kleine entspannt. Urmila Singh seufzt leise, kniet vor dem Gaskocher und beginnt, ihr Linsengericht zuzubereiten, das Dhal Bhat.

Seit ihr Ehemann an Verfolgungswahn erkrankt ist und zur Behandlung zurück zu seinen Eltern zog, muss sie sich allein um die Söhne Amid, Sundip und Ajeh kümmern. Verwandte oder Freundinnen hat sie keine in Rishikesh, nur ihre Gottheit steht ihr bei. In einem Schrein über dem Bücherregal zündet sie ihr regelmäßig Kerzen an, denn ihre Gottheit schert sich nicht darum, aus welcher Kaste Singh kommt oder wie reich sie ist. „Sie gibt mir Kraft", sagt sie und versucht zu lächeln.

Kraft braucht sie auch. Frühmorgens beginnt die tapfere Frau den ersten von mehreren Jobs: Sie kauft auf dem Großmarkt Nelken ein, dekoriert sie in Schälchen mit Sand und einem Teelicht als *puja*-Opfer, das sie vor den Ghats-Treppen an Pilger verkauft. Von 10 bis 15 Uhr putzt sie in einem Hotel, danach gibt sie Ayurveda-Massagen, zu Sonnenuntergang kehrt sie noch einmal zurück zu den Ghats. Etwa 5000 Rupien bringt ihr das pro Monat ein, rund 80 Euro. Der Luxus, den sie sich dafür leistet, ist ein frischer Mangosaft pro Woche. „Na ja", sagt sie verlegen, „und mein abendlicher Chai."

Warum geht sie nicht zurück in ihr Heimatdorf, wo ihre Eltern sie unterstützen könnten? „Niemals!", sagt Urmila Singh energisch und wirft ihren langen Zopf über die Schulter. „Die orthodoxen Traditionen auf dem Land machen mich krank! Dort gibt es nicht einmal Strom! Hier haben wir wenig, aber wir sind eine glückliche Familie." Ihr größter Traum: dass ihr ältester Sohn nach der Schule eine Ausbildung zum Techniker beginnen kann. Und dass ihr Mann gesund zurückkehrt. ■

In vertrautem Kreis: GEO-Autorin **Katja Trippel** mit Dolmetscher **Anil Parindyal** und Fotograf **Alex Treadway** im Frisiersalon von Raj Kumar. Der durfte sein Können allerdings auf keinem der drei Köpfe demonstrieren. Dafür kam zumindest der indische Team-Kollege zu einer Rasur.

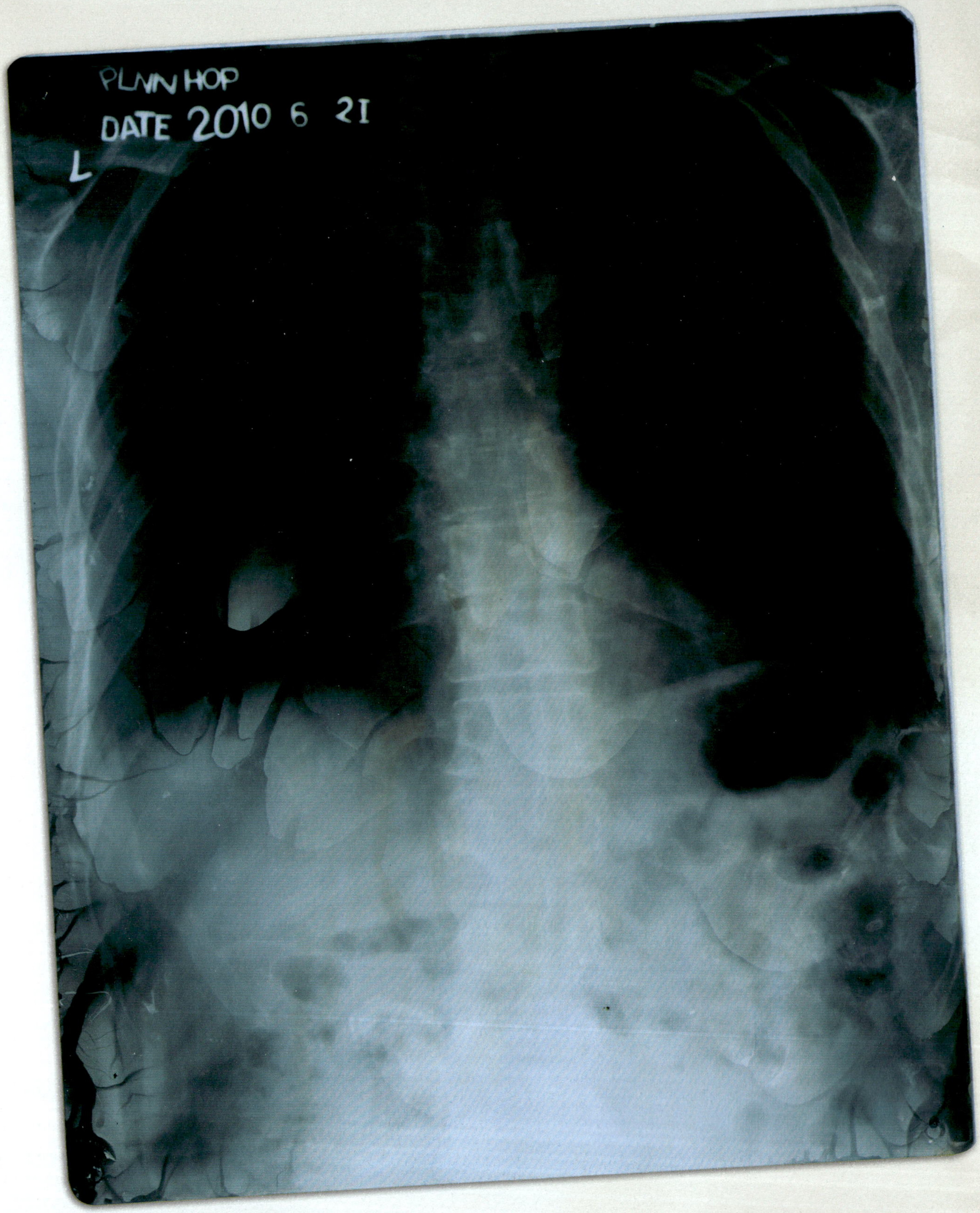


Starke Typen: Auch nach Jahren als Rückgrat eines Trägers weist diese Wirbelsäule keine merklichen Schäden auf. Grund ist eine spezielle Technik der Männer, die eher die Nackenmuskeln fordert

# DER MANN, DER ES MIR LEICHT MACHT

**Lastenschlepper im Himalaya tragen Rucksäcke, Rinderhälften, Öfen – und bringen damit Touristen wie Wissenschaftler gleichermaßen zum Staunen**

TEXT ¬ CHRISTIAN HEINRICH

**DER MANN LINKS IST BADHRA TAMANG.** Zumindest ein Teil von ihm. Es ist vielleicht nicht seine bessere, aber vermutlich seine stärkere Hälfte. Tamang ist ein *porter*, einer von Tausenden in den nur schwer zugänglichen Höhen des Himalaya. Ohne sie bräche hier die Versorgung zusammen, man könnte auch sagen: Ohne sie läuft nichts. Denn ihr Arbeitsplatz ist dort, wo es keine Straßen gibt, nur Wege. Mitunter sind es bloß staubige Pfade, zu steil selbst für Lasttiere. Über diese Routen tragen Männer wie Tamang, was an andere Orte ganz selbstverständlich mit Lastwagen oder Zügen gelangt: Wasser, Eier, Öfen, Baumaterial, Rinderhälften, Regenrinnen. Auch Gepäck von Touristen, so wie meines. Badhra Tamang ist der Mann, der es mir leicht macht.

Eine verblüffend unscheinbare Gestalt ist er. Mit der Kraft eines Gewichthebers und der Statur eines Jockeys: klein, schmächtig, vermutlich nicht mehr als 60 Kilo schwer. So wie die meisten seiner Kollegen, die mitunter das Doppelte ihres eigenen Gewichts tragen. 90, 100, 120 Kilo wiegen die Lasten manchmal. Eine Fracht von 30 Kilo? Da winken erfahrene *porter* ab. Uninteressant. Denn bezahlt wird per Kilo; nur wenn die Männer für Touristen arbeiten, gibt es Pauschalen. Etwa fünf Euro pro Tag. Kürzlich hat Tamang einen Kühlschrank von Lukla ins knapp 600 Meter höher gelegene Namche Bazar geschleppt: 11 Cent bekam er nach zwei Tagen pro Kilo, etwa 6,70 Euro insgesamt. Ein Viertel davon muss er an den Mann abführen, der ihm den Auftrag vermittelt hat, seinen Spediteur sozusagen. Der Weg nach Namche Bazar zählt zu den frequentiertesten im Land. Bis zu 1000 Träger sind auf Pfaden wie diesem manchmal zur gleichen Zeit unterwegs, wie große Ameisen, die komplett unter ihrer Last verschwinden. Heute Vormittag wurde ich bereits von einem Stapel Stühle überholt und einmal von fünf Spanplatten. Aus der Ferne schien es dann, als würden sie den Anstieg hinaufschweben.

Das Arbeitsgerät ist simpel: Ist die Ladung nicht zu sperrig, braucht ein Träger nur das *namlo*, ein breites Stirnband, und einen Korb, den *doko*. In dem stapelt er die Waren. Schweres nach unten, Zerbrechliches und lebende Tiere nach oben, Hühner zum Beispiel. Ist Zeit für eine Pause, stützt er sich mit dem Korb auf einen T-förmigen Stock, den *tokma*. Meist stellt sich Tamang in den Pausen zum Plaudern mit anderen Trägern zusammen. Junge Männer, runzlige Alte, die meisten in gebrauchten T-Shirts, die sie von Touristen geschenkt bekamen. Statt Wanderstiefeln tragen sie zerschlissene Turnschuhe, in denen sie mit der Sicherheit einer Bergziege auch über die steinigsten Passagen tänzeln. Nicht selten kommen uns auch *porter* entgegen, die voll beladen zu Tal hasten – in Badelatschen, als wären sie nur auf dem Weg zur nächsten Kneipe und nicht für Tage unterwegs.

Woher stammt diese Kraft? „Stemmst du heimlich Gewichte, Badhra?“ Da lächelt er nur aus seinem verschwitzten Gesicht. Ist sein Körper anders als meiner? Liegt es an seiner Technik? Längst fragen sich das nicht nur staunende Reisende, sondern auch Wissenschaftler. Ein belgisches Forscherteam von der Katholischen Universität Leuven fand heraus, dass nepalesische *porter* 20 Prozent ihres eigenen Gewichts tragen können, ohne zusätzliche Energie zu verbrauchen. Für die Untersuchung begleiteten sie acht Träger, die regelmäßig die etwa 160 Kilometer lange Strecke von Kathmandu bis in die Nähe des Mount Everest zurücklegen, inklusive eines Auf und Ab von mehr als 14 000 Höhenmetern. Am Schluss stand fest: Die nepalesische Kombination aus Tragetechnik, Tempo und Häufigkeit von Pausen ist die wirtschaftlichste weltweit. Noch effizienter als jene afrikanischer Frauen, deren Transportmethode bislang als die beste galt. Doch offenbar haben ihnen Männer wie Tamang den Rang abgelaufen – bei gleichem Energieverbrauch können sie ein Drittel mehr tragen.

Was nicht bedeutet, dass die Arbeit nicht anstrengend, gar gefährlich ist. Immer wieder kommt es zu Unfällen wegen schlechter Ausrüstung oder Zeitdruck: verstauchte Knöchel, Erfrierungen, Höhenkrankheit. Nur Schäden an der Wirbelsäule gibt es kaum, weil das Gewicht von den Trägern gut zwischen Kopf und Rücken ausbalanciert wird. „Ein paar Ruhetage, und der Körper ist erholt“, hat mir ein Arzt in Lukla gesagt.

Ich könnte noch viel über diese täglichen Kraftakte erzählen. Aber ich muss los, sonst hole ich mein Gepäck nicht mehr ein – Tamang ist schon wieder 100 Meter voraus. Er will bald nur noch für Touristen tragen. Das, sagt er, wäre endlich einmal ein Schritt, der ihn wirklich voranbringen würde. ■

Der Dalai Lama (im dunklen Gewand, sitzend) flieht nach Indien. Er ist die Ikone des bewaffneten Kampfes, auch wenn er ihm offiziell nie seinen Segen gegeben hat

# WAFFENBRÜDER

## *Wie die CIA im Himalaya Krieg führte*

Tibet, 1950. Fast mühelos haben Mao Zedongs Soldaten das Land besetzt. Da formiert sich unerwarteter Widerstand: Die gefürchtetsten Reiterstämme der Bergregion verbünden sich mit Tausenden kampfbereiter Mönche. Über Jahre hinweg erzielt die Guerilla immer wieder Erfolge. Denn Rückhalt bietet ihr nicht nur ein starker Glaube, sondern auch der Geheimdienst der Vereinigten Staaten

TEXT ¬ **FLORIAN HANIG**

**AM 20. OKTOBER 1957** hebt ein Bomber von einem Grasflugplatz im heutigen Bangladesch ab. Die B-17, eine Flying Fortress, ist schwarz gestrichen, sämtliche Kennzeichen sind entfernt worden. Bei einem Absturz soll kein Indiz verraten, wem die Maschine gehört.

Im Inneren des Bombers murmeln fünf Tibeter das Mantra des Bodhisattva der Reinigung, „Om Badzar Satwa Hung, Om Badzar Satwa Hung ...". Sie tragen Fallschirm-Overalls und haben sich Maschinenpistolen vor die Brust geschnallt. Schon bald nach dem Start können die Männer in der klaren Vollmondnacht Schneefelder ausmachen, die Kuppen des Himalaya-Massivs. Der Pilot fliegt tief im Radarschatten der Berge, um unbemerkt indisches Staatsgebiet zu überqueren. Die Karten auf seinen Knien sind alt, zum Teil noch von Hand gezeichnet. Im Sichtflug folgt er dem Lauf des Brahmaputra, der ab der Grenze zu Tibet Yarlung Tsangpo heißt, bis zu einer Furt, an der sich weite, weiß schimmernde Sanddünen ausbreiten. Über ihnen lässt er die Maschine auf 300 Meter Flughöhe absacken. Zwei Tibeter, die Mönche Athar Norbu und Lhotse, stoßen Materialbündel mit Waffen und einem Morsegerät aus einer Luke des Flugzeugs, dann stürzen sie sich in die Nacht.

*Maschinenpistolen vor die Brust geschnallt, murmeln sie Mantras zur Meditation*

Mit ihrem Absprung beginnt eines der abenteuerlichsten Kapitel des Kalten Krieges; ein Kapitel, das sich schwer vereinen lässt mit dem idealisierten Bild der Tibeter als sanftes Volk, das von einem buddhistischen Gottkönig angeführt wird, der jegliche Gewalt ablehnt. Denn die Tibeter mögen tief religiös sein, Pazifisten sind sie nicht: Von 1957 bis 1974 führen Zehntausende Mönche und Khampas, wie die wilden Reiter der Kham-Region genannt werden, einen blutigen Guerillakrieg gegen die chinesischen Besatzer.

Unterstützt werden sie dabei vom amerikanischen Geheimdienst CIA, der 1957 auf der Pazifikinsel Saipan und später in Camp Hale, einer Militärbasis in Colorado, knapp 300 Tibeter für den Partisanenkampf ausbilden lässt und sie anschließend über chinesisch kontrolliertem Gebiet mit dem Fallschirm absetzt. Außerdem werfen die Amerikaner rund 400 Tonnen Waffen für die Aufständischen ab.

Eingefädelt haben diese Unterstützung zwei Exiltibeter: Gyalo Thondup schmuggelt die ersten Rekruten außer Landes und wählt später auch die Kandidaten für Camp Hale aus. Taktser Rinpoche, Abt eines berühmten Klosters, fliegt als Übersetzer mit nach Saipan. Die Namen der beiden Männer kennt jeder Tibeter: Es sind die Brüder des Dalai Lama.

Nach wenigen Minuten in der Luft rollen sich Athar und Lhotse im Sand der Dünen ab. Sie wechseln in tibetische Kleidung, vergraben ihre Fallschirme, die Maschinenpistolen und ein Ersatzfunkgerät. Nach ein paar Stunden Schlaf versuchen sie, ihre CIA-Verbindungsmänner anzumorsen. Drei Mönche, die sie vor einer Einsiedlerhöhle treffen, helfen ihnen, die Kurbel des Morsegeräts zu drehen. Die jungen Männer stammen aus einem Kloster, das neben dem Heimatkloster Athars lag – und wie dieses von der chinesischen Luftwaffe bombardiert worden war. Seit Jahresmitte 1956 nämlich fegt ein Feuersturm durch Tibet. Dabei hatte es für Chinas Volksbefreiungsarmee gut begonnen: Als der bestürzte Gouverneur der Provinz Kham am 7. Oktober 1950 den Einmarsch der Chinesen über eines der wenigen Funkgeräte nach Lhasa meldet, erhält er zur Antwort, dass sich das Kabinett zu einem fünftägigen Picknick zurückgezogen habe. Man werde sich zu gegebener Zeit bei ihm melden.

Ein Jahr später kampieren 20 000 feindliche Soldaten vor Lhasa. Die schwache tibetische Regierung, an deren Spitze der noch minderjährige Dalai Lama steht, leistet keinen Widerstand: Mao Zedong kann das Land zerstückeln, er schlägt die Grenzgebiete Kham und Amdo den angrenzenden chinesischen Provinzen zu, der tibetischen Hochebene gewährt er den Status einer „autonomen Provinz". In einer 17-Punkte-Erklärung müssen der Dalai Lama und sein Kabinett die „Rückkehr ins Mutterland" begrüßen.

**DOCH DER CHINESISCHE FÜHRER** hat den Widerstand von Mönchen und Khampas unterschätzt. Die Äbte der großen Klöster verstecken Munitionsdepots in ihren Schatzkammern, befehligen Privatarmeen. Sie sind die wahren Machthaber in Tibet. Die Khampas wiederum, die mit ihren Fellmützen und wuchtigen Ledergürteln kanadischen Trappern ähneln, haben sich nie der Zentralregierung in Lhasa unterstellt. Sie leben davon, Karawanen nach China und Indien zu bewachen – oder diese zu plündern. Und sie überfallen immer wieder chinesische Garnisonen, um Waffen zu erbeuten. Als die Regierung in Beijing damit beginnt, Chinesen in Kham und Amdo anzusiedeln, überleben das die meisten nur kurze Zeit.

Nach ihren Raubzügen verschanzen sich die tibetischen Kämpfer in den Klöstern, die wie Adlernester an den Berghängen kleben. Die chinesische Regierung ordnet daraufhin an, dass alle Mönche und Khampas ihre Waffen abliefern müssen. Die Tibeter weigern sich, greifen chinesische Stellungen an. Die Rache folgt aus der Luft und mit brutaler Wucht: Aus Jagdbombern eröffnen chinesische Soldaten das Feuer auf die Lager der Nomaden, sie lassen Bomben auf die Klöster regnen. Wertvolle Thanka-Malereien, Buddha-Statuen und jahrhundertealte Texte werden in Sekundenblitzen ausgelöscht.

Kolonnen von Mönchen und Familien flüchten vor →

General Gompo Tashi ist Kopf und Anführer der Guerilla

dieser Eskalation der Gewalt, ziehen Richtung Lhasa, in die relative Sicherheit der Autonomen Region. Dort halten sich die Soldaten der Volksbefreiungsarmee zurück. Noch.

Athar und Lhotse mischen sich in diesen Strom der Flüchtenden. In Samye kaufen sie sich ein Pferd, um schneller voranzukommen. Dennoch dauert es Wochen, bis sie außerhalb Lhasas endlich Gompo Tashi treffen, den Anführer des tibetischen Widerstands. Der angesehene und reiche Kaufmann sieht wie ein tibetischer Charles Bronson aus. Und er spielt ein gefährliches Spiel: Unter den Augen der chinesischen Besatzer zieht er durchs Land, vorgeblich, um Spenden für einen Diamantthron zu sammeln, den er dem Dalai Lama schenken möchte. In Wirklichkeit überzeugt er die einflussreichen, bislang oft verfeindeten Clan-Führer, sich seiner Widerstandsarmee anzuschließen, der „Chushi Gangdruk". Der Name, „Vier Flüsse, sechs Bergzüge", soll Einheit symbolisieren. Zu seinen Truppen fährt Gompo Tashi von Lhasa aus unerkannt auf einem Motorrad, das er sich in Indien gekauft hat. Einen alten Mann, allein auf einem Motorrad, erklärt er später, hält kein Straßenposten auf.

Im Herbst 1957 kontrollieren bereits fast 30 000 Khampas der Chushi Gangdruk den südlichen Rand des tibetischen Plateaus. Und sie rücken nach Lhasa vor. Gewinnen Schlachten, obwohl sie den chinesischen Truppen oft zahlenmäßig unterlegen sind. Allein der Anblick der wilden, im Galopp ihre Gewehre abfeuernden Reiterhorden muss die chinesischen Soldaten in Panik versetzt haben. Die Rebellen berichten, dass die Besatzer oft von ihren eigenen Offizieren erschossen werden, wenn sie zurückweichen. Denn bei der Volksbefreiungsarmee stehen die Kommandeure mit gezogener Waffe hinter den Soldaten, bei der Chushi Gangdruk stürmen die Kommandeure allen anderen voran auf den Feind zu.

**ALS PILGER GETARNT**, verbringen Athar und Lhotse die nächsten Wochen in den Klostern Drepung und Sera, sammeln Informationen und melden sie dem CIA-Hauptquartier. Sie müssen extrem vorsichtig sein, warnt sie Gompo Tashi, denn die Chinesen finanzieren ein dichtes Netz von Spitzeln in und um Lhasa. Sogar in die Klöster haben sie ihre Leute eingeschleust. Und auch im Kabinett des Dalai Lama sitzen Verräter.

Im Februar bestellt Gompo Tashi die beiden CIA-Agenten in den Norbulingka, den Sommerpalast des Dalai Lama. Dort dürfen sie zwar nicht den Gottkönig sprechen, aber seinen Privatsekretär. Sie berichten ihm, dass die USA bereit seien, den Dalai Lama anzuerkennen und ihn zu unterstützen. Der Sekretär nimmt die Botschaft aus Washington zur Kenntnis, ohne darauf zu reagieren. Der Dalai Lama hofft zu diesem Zeitpunkt noch, dass Mao Zedong nicht zum Äußersten greifen wird.

Im September 1958 empfangen Athar und Lhotse die erste Waffenlieferung. Wie über Funk vereinbart, warten sie an einem abgeschiedenen See nahe dem Kloster Samye, als sie das Brummen der Motoren hören, kurz darauf sprenkeln Dutzende von Fallschirmen den Himmel. Sanft hin und her schwingend, gleiten sie mit ihrer Last zu Boden. Aus den Kisten, die auf dem Boden landen, quellen Enfield-Gewehre, Granaten, Bazookas. Zwei Monate später erfolgt der nächste Abwurf. Insgesamt verteilen Athar und Lhotse rund 40 Lieferungen an die Chushi Gangdruk.

Weiß der Dalai Lama davon? In seiner Autobiografie wird er später schreiben, dass sein Sekretär ihm diese Informationen vorenthalten habe. Und auch sein Bruder Gyalo Thondup, der den Kontakt zur CIA knüpfte, wird erklären, dass er den Dalai Lama darüber im Dunkeln ließ: „Es waren sehr, sehr schmutzige Geschäfte."

Viele Kämpfer, die Athar und Lhotse die Waffen aus den Händen reißen, sind Mönche, die ihr buddhistisches Gelübde, kein Lebewesen zu verletzen, widerrufen haben. Im Gegensatz zum festlichen Gelübde ist das Ablegen der Mönchstracht eine formlose Angelegenheit. Es reichen einige gemurmelte Worte vor einem Lama oder, zur Not, einer Buddha-Statue. Manche dieser Männer werden später in Indien in ihren Orden zurückkehren und ihre Taten tief bereuen. Andere kennen kaum Gewissensbisse. „Wenn wir ein Tier schlachten mussten, sprachen wir ein Gebet", erinnert sich einer der Partisanen in einer Dokumentation der BBC. „Wenn wir einen Chinesen getötet haben, kam kein Wort über unsere Lippen."

Zu Beginn des Jahres 1959 ist die Widerstandsarmee auf rund 80 000 Mann angewachsen. Ihre Vorhut steht 30 Kilo-

*Fallschirme sprenkeln den Himmel. Aus den gelandeten Kisten quellen Gewehre und Granaten*

Die Schwester des Dalai Lama und seine zwei älteren Brüder. Gyalo Thondup (rechts) stellte den Kontakt zur CIA her

Mit mehreren Zehntausend Mann ist die Guerilla zahlenmäßig stark, ihre Moral beeindruckt selbst ihre chinesischen Gegner. Dennoch bleibt es ein ungleicher Kampf. Auf Pferden reitet die Chushi Gangdruk gegen eine hochmoderne Armee mit Luftwaffe an

meter südlich von Lhasa. Die Kommunisten verdächtigen die tibetische Regierung, die Rebellen zu unterstützen. Ein chinesischer General erklärt öffentlich, dass sich Fliegen um verrottetes Fleisch versammelten. Wer die Fliegen loswerden wolle, müsse das Aas entsorgen. Die Hörer verstehen, wer damit gemeint ist: der Dalai Lama.

**DER GEISTLICHE ANFÜHRER DER TIBETER** bereitet sich zu dieser Zeit im Jokhang, dem heiligsten Tempel in Lhasa, auf seine letzte theologische Prüfung vor. Da stürmen zwei junge chinesische Offiziere in sein Zimmer. Schon ihr niedriger Rang ist ein protokollarischer Affront. Die Soldaten laden den Dalai Lama zu einer Theatervorstellung ins Hauptquartier der Armee ein. Am Tag vor der Aufführung wird seiner Leibwache mitgeteilt, dass sie ihn nicht begleiten darf.

Als die Einwohner Lhasas davon erfahren, bricht Panik aus. Was kann die Aufführung anderes sein als ein Vorwand, um den Dalai Lama nach Beijing zu entführen! Oder noch schlimmer: um ihn umzubringen! Im Morgengrauen bilden 30 000 Menschen einen Schutzschild um den Norbulingka. Am 12. März beginnen chinesische Spähtruppen damit, Ziele für den Artilleriebeschuss auszumessen.

Die Weltöffentlichkeit bekommt von der Zuspitzung in Lhasa nichts mit. Nur im CIA-Hauptquartier in den USA sind die Tibet-Spezialisten auf dem Laufenden. Athar und Lhotse senden regelmäßig den neuesten Stand aus einem Vorort von Lhasa. Als sich der Dalai Lama am 17. März immer noch nicht in ihre Obhut begeben hat, schicken die Chinesen eine letzte Mahnung: Um 16 Uhr, der Dalai Lama trinkt Tee mit seinem Kabinett, explodiert eine Mörsergranate in dem Zierbrunnen vor seinen Gemächern. Noch in derselben Nacht flüchtet der Gottkönig, verkleidet als Soldat, fast blind ohne seine markante Brille. Außerhalb der Stadt erwarten ihn 30 Khampa-Krieger. Sie eskortieren den 23-Jährigen in das von den Rebellen besetzte Gebiet, von dort wird sein Weg weiter nach Indien führen. Am 25. März schließen Athar und Lhotse mit ihrem Funkgerät zu den Flüchtenden auf. Sie überreichen dem Dalai Lama noch 200 000 indische Rupien, die sie von der CIA erhalten haben, denn seine Heiligkeit ist blank. Dann jagen sie zurück.

Die Flucht des Dalai Lama ist eine Zäsur. Auch für die Chushi Gangdruk. Ein düpierter Mao entsendet weitere 100 000 Soldaten nach Lhasa, außerdem zahlt sich für die chinesische Armee nun aus, dass sie Tibet mit Straßen und Flughäfen erschlossen hat. Und auch die hohe Kampfmoral der Khampas hilft nicht mehr darüber hinweg, dass auf dem Dach der Welt eine Armee des 18. gegen eine des 20. Jahrhunderts kämpft. Die Khampas werden auf ihren Kriegszügen von Frauen und Kindern begleitet. In langsamen Konvois ziehen sie über die →

Der geflüchtete Dalai Lama wird im »Time«-Magazin zum Titelhelden

weiten Ebenen oder Bergpässe. Das macht sie zu leichten Zielen für chinesische Jagdbomber.

Im September 1959 werden die ersten 18 Absolventen von Camp Hale, dem geheimen CIA-Trainingscamp in Colorado, über einer Hochebene namens Pembar abgeworfen. Dort haben sich rund 35 000 Khampas mit ihren Familien versammelt. In weiteren vier *airdrops* erhalten die Aufständischen Maschinengewehre, Medizin, Funkgeräte und Granatwerfer. Doch schon Tage später, noch bevor sich die Khampas in die Berge zurückziehen können, erscheint ein chinesisches Flugzeug am Himmel und wirft Flugblätter ab. Darin werden die Tibeter aufgefordert, sich zu ergeben. Kurz darauf fallen die ersten Bomben. Dreimal täglich ziehen ab da fünf Jets ihre Kreise über der Hochebene, entleeren ihre Last über Menschen, die nichts anderes tun können, als auf den Tod zu warten. In Amdo spielt sich eine ähnliche Tragödie ab.

Die meisten der in Colorado ausgebildeten Tibeter überleben nach ihrer Landung nur wenige Tage. Es war, erinnert sich ein Kriegsveteran, „als ob man Fleisch in den Rachen eines Tigers warf“. Angesichts der Verluste drängen der Dalai-Lama-Bruder Gyalo Thondup und sein Sekretär ihren CIA-Kontakten, die Chushi Gangdruk aus Tibet abzuziehen und in Mustang zu stationieren. Das kleine buddhistische Königreich, zu Nepal gehörend, ragt wie eine Faust nach Tibet. Die Menschen dort sprechen Tibetisch, ihre Sympathien gehören dem Dalai Lama. Die CIA bewilligt 400 Kämpfer, doch schon 1960 siedeln drei- bis viermal so viele Khampas in dem isolierten Königreich, das in mehreren Tagesreisen durch die tiefste Schlucht der Welt zu erreichen ist.

*Aus den Guerilleros sollen Arbeitnehmer werden. Aber lohnt sich ein Leben ohne Kampf?*

**VON MUSTANG AUS** landen die Rebellen im Oktober 1961 ihren größten Coup – zumindest aus Sicht der CIA. Auf der Straße nach Lhasa durchlöchern sie einen Jeep und einen Lastwagen und erbeuten dabei eine Aktentasche mit Dokumenten. Die China-Experten im CIA-Hauptquartier berühren die blutverschmierten Schriftstücke mit Ehrfurcht: Zum ersten Mal sind ihnen authentische chinesische Regierungsdokumente in die Hände gefallen. Sie enthalten Morsecodes, Berichte über die Hungerkatastrophe, die Maos Landreform ausgelöst hat, Hinweise auf die Entfremdung zwischen den Chinesen und ihren russischen „Beratern“.

Die Dokumente stellen über Jahre hinweg eine Bibel für die CIA da. Und sie sichern die finanzielle Unterstützung für das „Tibet-Programm“. 1,7 Millionen Dollar steckt der amerikanische Geheimdienst nun jedes Jahr in den Widerstand, 180 000 Dollar davon sind für den Dalai Lama reserviert.

Der Spionage-Coup der Khampas täuscht darüber hinweg, dass es um die Chushi Gangdruk in Mustang schlecht steht. Der Nachfolger des verstorbenen Gompo Tashi ist ein Mönch, der das Geld, das ihm die Amerikaner für seine Truppen schicken, lieber in die eigene Tasche schiebt. 1967 wird er ersetzt, kehrt jedoch heimlich nach Mustang zurück und verrät seine Gefährten an die nepalesische Regierung.

Ende der 1960er Jahre nämlich ändert sich das politische Klima im Himalaya. Richard Nixon, Amerikas neuer Präsident, sucht die Annäherung an China. 1969 trifft sich sein Außenminister Henry Kissinger in Beijing mit Mao Zedong. Der stellt Bedingungen für ein Treffen mit Nixon, eine der Forderungen: Die CIA muss ihre Unterstützung für Tibet einstellen. Und auch der König von Nepal will sich der Partisanen entledigen – schließlich erhält das verarmte Königreich inzwischen 20 Prozent seiner Entwicklungshilfe von China.

**DIE AMERIKANER VERSUCHEN**, den Khampas den Übergang ins zivile Leben zu erleichtern: Sie kaufen Land, lassen in Pokhara ein Hotel errichten, um Arbeitsplätze für sie zu schaffen. Doch die Guerilleros können sich ein Leben ohne Kampf nicht vorstellen. Sie werfen der CIA Verrat vor und schwören, nicht aufzugeben.

Der Dalai Lama schickt den Khampas daraufhin eine 20 Minuten lange Ansprache auf Band. Er zollt ihnen Respekt und bittet sie, die Waffen niederzulegen. Die meisten folgen seiner Anweisung, unter Tränen, einer schneidet sich sogar die Kehle durch. Die Rebellenführer aber versuchen, sich nach Indien durchzuschlagen, weil sie fürchten, in einem nepalesischen Gefängnis zu enden. Nach einer wochenlangen Odyssee reiten sie schließlich in einen Hinterhalt – nur 30 Kilometer von der indischen Grenze entfernt.

1974 findet der Guerillakrieg damit ein Ende.

Nicht aber der Widerstand. Bis heute. Zuletzt steckten im März 2008, am 49. Jahrestag des Aufstandes von 1959, tibetische Jugendliche in Lhasa Polizeiwagen in Brand, verwüsteten die Läden chinesischer Kaufleute. 18 Einwanderer kamen dabei ums Leben, meldete die chinesische Nachrichtenagentur. Die Unruhen breiteten sich auf die Regionen Kham und Amdo aus.

Und auch die Chushi Gangdruk gibt es nach wie vor. Ihr Hauptquartier liegt heute in Jackson Heights, New York. Vom dortigen Finanzamt wird sie als gemeinnützige Gesellschaft anerkannt. ■

**Florian Hanig** ist GEO-Redakteur. Bereits mehrfach bereiste er die Himalaya-Region, um aus ihr zu berichten. Seine Reportage stützt sich vor allem auf das Buch „Buddha's Warriors“ von Mikel Dunham.

Schöne Bescherung.
Das SZ-Geschenk-Abo.
3 Monate Lesefreude
mit Reisenthel-Tasche
oder SZ-Notizbuch & SZ-Füller
6 Monate Lesefreude
mit Käfer-Champagner*
oder Käfer-Genießerpaket
Jetzt lang anhaltende
Weihnachtsfreude bestellen –
mit dem Weihnachtsabo
der Süddeutschen Zeitung über
3 Monate für nur € 86 oder
über 6 Monate für nur € 215.
Für Sie selbst oder andere.
Käfer
CHAMPAGNE
* Gläser nicht im Lieferumfang enthalten
Seien Sie anspruchsvoll.
Süddeutsche Zeitung
Telefon 089-4 11 88 9 88
@ www.sueddeutsche.de/lesefreude

Nur Unwissende sehen hier zwei Männer in Bademänteln. Alle anderen stolze Träger der Landestracht Gho

# BETREFF:
# ICH IN BHUTAN

TEXT ¬ **GEORG BURCHARDI**

Eigentlich flog unser Autor in das kleine Königreich Bhutan, um dort einer Organisation westliches Marketing beizubringen. Seine E-Mails in die Heimat zeigen aber: Nicht immer ist klar, für wen eine solche Reise mehr Neues bringt

Ankunft mit Drukair, der schnellsten und sichersten Airline für Flüge nach Bhutan. Allerdings auch der einzigen

**BETR.: BEGRÜSSUNG IM BADEMANTEL**

**Liebe Freunde,**

ich bin in Bhutan angekommen. Meine Erwartungen sind hoch, schließlich bin ich in das Land gereist, das Glücklichsein zum Staatsziel erklärt hat; „Gross National Happiness" nennt das die Regierung. Ich habe daher beschlossen, nebenbei eine Punkteliste zu führen. Mal sehen, ob es sich im Reich des „Bruttosozialglücks" wirklich zufriedener leben lässt als bei uns. In jedem Fall ungewöhnlicher: Am Einreiseschalter im Flughafen der Hauptstadt Thimphu wurde ich von freundlichen Männern in Bademänteln begrüßt. Ich habe mir aber längst abgewöhnt, bei Passkontrollen Fragen zu stellen.

Nun konnte ich ja nicht allen von euch erzählen, warum ich eigentlich hier bin: Meine Firma gibt jedes Jahr einigen Angestellten die Möglichkeit, mehrere Wochen freiwillig für die Vereinten Nationen zu arbeiten. Ich soll hier eine einheimische Hilfsorganisation bei der Entwicklung eines Marketingplans unterstützen, damit sich Produkte aus abgeschiedenen Regionen besser verkaufen: Seifen, Kerzen, Papier, Tonschüsseln, Reisschalen, Webartikel. Solche Sachen.

Mit Marketing kenne ich mich zwar aus; aber innerhalb von vier Wochen ein funktionierendes Konzept zu entwickeln, das könnte schwer werden. Bald mehr.

**Glück verheißende Grüße, Georg** →

**Liebe Freunde,**

was für ein lustiger, seltsamer erster Tag. Auf dem Weg zur Arbeit musste ich die ganze Stadt durchqueren. Thimphu ist allerdings so klein, dass man dafür nur eine halbe Stunde braucht. Angenehm: Man wird von keiner Verkehrsampel gestoppt – im gesamten Land gibt es nicht eine einzige. Dabei besaß Bhutan irgendwann sogar zwei; sie wurden aber abgebaut, da sie den Bewohnern zu unpersönlich waren. An beiden Kreuzungen regeln nun Verkehrspolizisten mit ebenso kryptischen wie eleganten Handzeichen den Verkehr. Das gibt eindeutig einen Glückspunkt für Bhutan auf meiner Liste.

Das Büro der Hilfsorganisation „Tarayana Foundation" ist lediglich ein kleiner Raum, in dem ich sofort das Prinzip des *desk sharing* verstanden habe: sechs Personen an vier Schreibtischen. Zu meiner Überraschung sprechen alle Kollegen sehr gut Englisch, die Unterrichtssprache in den Schulen Thimphus, wie ich erfahren konnte. Eine Sorge weniger, denn meine Kenntnisse in Dzongkha sind schließlich recht übersichtlich.

Meine Hauptansprechpartnerin heißt Karma. Wie passend! Einen Nachnamen besitzt sie genauso wenig wie viele andere hier. Ob Müller, Meier, Schmidt auch als zu unpersönlich empfunden werden? Auffällig ist in jedem Fall: Die Menschen sind enorm freundlich. Jeder spricht in sanftem Ton, und es gibt grundsätzlich keine Aussagen oder Anweisungen, nur Vorschläge.

Zunächst bin ich mit Karma zu einem kleinen Verkaufsraum an der Hauptstraße gegangen, weil sie mir die Produkte zeigen wollte, um die es geht. Auf dem Weg sind uns immer wieder Männer in Bademänteln begegnet. Dazu trugen sie kniehohe Strümpfe und Turn- oder Lederschuhe. „Wieso Bademäntel?", hat Karma auf meine Frage geantwortet. „Das ist Gho, die Nationaltracht der Männer."

Etwas unangenehm für mich.

Die Frauen tragen ebenfalls Tracht, die Kira. Diese besteht aus einer zwei bis drei Meter langen Stoffbahn, die um den Körper gewickelt wird. Karma hat mir erklärt, dass es für die Bhutaner Pflicht ist, die Tracht bei der Arbeit und offiziellen Anlässen anzulegen. Auf jeden Fall vergebe ich einen weiteren Glücklichpunkt für „Bademäntel bei der Arbeit"!

Im Laden herrschte Chaos. Überall lagen und standen Waren herum. Die Tarayana Foundation leitet nicht nur die Einwohner in abgeschiedenen Regionen an, sie ist gleichzeitig Hauptabnehmer und verkauft die handgemachten Produkte ohne Gewinn weiter an Einheimische und Touristen. Im Augenblick gibt es aber nur diesen einen Verkaufsraum.

Den Rest des Tages haben wir damit verbracht, Unmengen an Kerzen zu sichten, Seifen, geflochtene Reisbehälter und Loktapapier, das aus der Rinde eines Busches in Handarbeit hergestellt und nicht von Insekten angefressen wird; Mönche benutzen es seit Urzeiten für ihre Schriften.

Ich habe alles fotografiert und die Bilder in einem kleinen Album zusammengestellt. Das wird später bei der Entscheidung helfen, auf welche Produkte wir das Marketing konzentrieren.

Jetzt bin ich erledigt.

**Kurze Grüße, Georg**

Schön am Ball bleiben: Die Jugend soll traditionsbewusst, aber nicht weltfremd aufwachsen. Fußball gibt's längst. Und seit 1999 Fernsehen

Wer so aussieht, zu dem sollte man nicht noch hässlich sein. Und so wurde der Takin zum Nationaltier erklärt

BETR.: ZOO OHNE TIERE

**Liebe Freunde,**
eigentlich sollte das heute mein zweiter Arbeitstag werden, aber daraus wurde nichts. Karma sagte: „Heute gehen wir wandern!" Dass dafür ein guter Tag sei, hatte irgendein religiöses Oberhaupt verkündet. Und so machten wir uns auf den Weg zu einem Tempel. Ich habe während der Wanderung gefragt, was die religiösen Oberhäupter ansonsten noch ausrufen. Meine Kollegen sagten, dass immer wieder Monate als Glück bringend, andere als nicht Glück bringend bezeichnet werden. Wenn ein nicht Glück verheißender Monat droht, wird dieser kurzerhand aus dem Kalender gestrichen und elegant übersprungen. Dafür wird ein Glück verheißender Monat wiederholt. Praktisch, da könnte man sogar zweimal Geburtstag feiern. Leider begeht man diesen hier nicht. Für Bhutaner ist es unwichtig, wann sie geboren wurden. Daher stand früher auch in den meisten Pässen ein Pro-forma-Geburtstag: bei allen der 1. Januar. Also keine Geschenke und nie Geburtstagskuchen?! Punktabzug auf der Glücksliste.

Auf unserem Weg zum Tempel sind wir auch am Zoo vorbeigekommen. Dort habe ich das hässlichste Tier der Welt gesehen, den Takin. Es scheint, als hätte jemand versehentlich eine Ziege mit einer Kuh gekreuzt. In der Tat gibt es eine Sage, nach der ein Priester einem Rind einen Ziegenkopf aufgesetzt hat – und so der Takin entstand. Eine Sackgasse der Evolution, dachte ich noch. Denn sagen darf man es nicht: Der Takin ist das Nationaltier Bhutans. Den haben sie aus Mitleid gewählt, vermute ich.

Andere Tiere gibt es in diesem Zoo nicht. Karma sagte: „Dieses war einmal ein normaler Zoo, aber dann haben wir erkannt, dass es nicht richtig ist, Tiere einzusperren. Auch sie sollen glücklich sein. Wir haben sie freigelassen. Nur die Takine sind in Thimphu geblieben, standen auf den Straßen und haben im Müll gewühlt. Da sie also bleiben wollten, haben wir ihnen den ganzen Zoo gewidmet." Ich finde das tierisch nett. Wieder ein Punkt für Bhutan.

**Herzliche Grüße, Georg**

BETR.: BERAUSCHTER TAG

**Liebe Freunde,**
heute wollte ich in der einzigen Bank Thimphus Geld umtauschen, da ich in Deutschland die Landeswährung Ngultrum nicht bekommen konnte. An der Wand hing ein Schild: „Please don't spit on the wall." Karma sagt, dass es nicht unüblich sei, an die Wand zu spucken, da die meisten ihr *doma* nicht schlucken möchten. Sofort sollte ich auch eine dieser Betelnusspäckchen probieren, und mir wurde ein mit leckerer Gewürz- und Kräutermischung gefülltes Blatt *schoo, schoo* (schnell, schnell) in den Mund geschoben. Der Rest des Tages verging dann wie im Flug. Betelnüsse haben nämlich eine leicht berauschende Wirkung. Toll! Sollte mein Arbeitgeber zu Hause auch einführen. Ich spucke auch nicht an die Wand.

**Beschwingte Grüße, Georg**

BETR.: OMMMM

**Liebe Freunde,**
bei der Arbeit kommen wir gut voran. Heute haben wir entschieden, wie das Verpackungsdesign aussehen soll. Künftig werden zum Beispiel die Kerzen und Seifen in das handgemachte Papier gewickelt. Dazu gibt es einen Zettel mit Informationen über Herstellung und die Tarayana Foundation.

Am Nachmittag habe ich eine erste Meditationsstunde besucht. In Bhutan ist der Buddhismus offizielle Staatsreligion. Zweimal wöchentlich unterrichtet im Tempel ein Lama, ein buddhistischer Lehrer, die Kunst der Versenkung. Karma sagte, dass mich das glücklich macht. Aber vermutlich erst, wenn meine Beine nicht mehr im Schneidersitz absterben oder ich am Qualm der Räucherstäbchen zu ersticken drohe.

**Mit nicht ganz entspanntem Gruß, Georg**

BETR.: KARMA-MANIPULATION

**Liebe Freunde,**
heute war mein freier Tag. Ich habe mir das „Tigernest" angesehen, einen der bekanntesten Tempel Bhutans. Er liegt in der Nähe von Thimphu in schwindelerregender Höhe eng an einem Felsen. Nach der Meditationsstunde hatte ich dem Lama von meinem Plan erzählt. Er fragte mich, ob ich in meinem Leihwagen noch zwei pilgernde Mönche mitnehmen könnte. Angeblich gibt es extra viele Karmapunkte, wenn man Geistlichen gute Taten zuteilwerden lässt. Ich finde, Karmapunkte schaden nie. Daher nahm ich die Mönche mit.

Auf der anschließenden mehrstündigen Wanderung erzählten sie von ihrem Alltag aus ständigem Lernen und ewigem Beten, und ich erzählte von meinem Leben daheim. Sie konnten kaum glauben, dass bei uns die Sonne im Sommer →

erst kurz vor 22 Uhr untergeht, im Winter dafür aber nur wenige Stunden scheint. Auch musste ich erklären, wie das Meer aussieht. Dann aßen wir gemeinsam die von mir mitgebrachten Gummibärchen. Bin gespannt, wie viele Karmapunkte es dafür gegeben hat.

**Herzlich, Georg**

BETR.: KOMISCHER KÖNIG

**Liebe Freunde,**
ich bin mittlerweile sicher, dass mich mit meinen 1,90 Metern niemand im Land überragt. Meine Größe hat schon für viel Heiterkeit gesorgt. Einmal haben zwei Jungen an einer Hauswand markiert, wie groß ich bin, und sich dann darüber kaputtgelacht.

Ein besonderes Erlebnis ist es übrigens, einzukaufen. In der ganzen Stadt habe ich nicht ein Geschäft einer globalen Kette gefunden: kein McDonald's, kein Ikea, kein H&M. Nur Einzelhändler. Trotzdem treibt die Globalisierung erste zarte Blüten: In der Hauptstadt gibt es Mobiltelefone, ein paar Fitnessstudios und eine Karaoke-Bar, in der ich eine besonders spezielle Interpretation vom „Titanic"-Song „My Heart Will Go On" hörte. Und seit auch MTV zu empfangen ist, tragen vor allem die Jugendlichen viel häufiger T-Shirt und Jeans.

Heute habe ich erfahren, dass der alte König mit vier Frauen zusammenlebt, die zudem Schwestern sind. Vielleicht wollte er nur eine Schwiegermutter haben. Wer weiß?! Frauen sind dennoch absolut gleichberechtigt. Sie dürfen umgekehrt auch mit mehreren Männern zusammen sein. Das ist doch sehr liberal und vernünftig. Dafür habe ich gleich zwei weitere Glückspunkte vergeben. Eine seltsame Monarchie ist es dennoch: 2006 hat der König das Zepter an seinen Sohn weitergegeben, der dann 2008 sogar gegen den Willen von großen Teilen der Bevölkerung die Demokratie einführte. Die Menschen hier verehren die Königsfamilie aber nach wie vor sehr. In jedem Raum hängt ein Bild des Monarchen, und viele meinen, dass er den Job des Staatsoberhauptes besser machen kann als jeder Politiker.

Ich werde jetzt einige Tage nicht schreiben können, da wir morgen zu einem der Dörfer fahren, die von unserer Hilfsorganisation unterstützt werden.

**Viele Grüße, Georg**

BETR.: ICH ALS DORFLEHRER

**Liebe Freunde,**
was für ein Trip! Die Landschaft am Fuße des Himalaya war sagenhaft, und auf der Straße herrschte reger Verkehr: Nach drei Stunden Fahrt hatten wir bereits 20 Rinderherden, →

Atemraubend, vor allem der Aufstieg: Kloster »Tigernest«, in das einst Guru Rinpoche auf dem Rücken einer Raubkatze zum Meditieren flog

Heute wird's heiter: Für die Scherze der Älteren haben die jüngsten Bhutaner nur ein müdes Lächeln übrig

vier Affen und ein Yak aus dem Weg gehupt, sind aber nicht wesentlich weiter gekommen. Immer wieder hielten wir an heiligen Quellen. Eine soll gut für die Stimme, eine andere gut für das Haar sein. Bei der dritten Quelle wusch der Fahrer sein Auto. Das soll Unfälle und Blechbeulen verhindern.

Nach sechs Stunden hatten wir ungezählte Mini-Stupas, kleine Heiligtümer, in der Straßenmitte umrundet. Ein absolutes Muss, man kann nicht einfach an ihnen vorbeifahren! Nach acht Stunden fragte ich mich, ob Bhutan eigentlich wirklich nur so groß wie die Schweiz ist.

Nach neuneinhalb Stunden hatten wir das Dorf erreicht. Leider kann ich nichts über meinen ersten Eindruck sagen, denn ich habe nichts gesehen. Es war stockdunkel: kein Strom.

Nach dem Frühstück am nächsten Morgen haben wir die Bewohner aufgesucht, die von der Herstellung von Seifen, Kerzen und Webereien leben. Als ich das Gemeindehaus betrat, verbeugten sich alle vor mir, und ich bin gedrängt worden, auf einer Art Thron Platz zu nehmen. Dieser bestand aus dem größten Plastikstuhl des Raumes und stand vor einem Plastiktisch mit Plastikblumen. Es wurde Buttertee gereicht: schwarzer Tee mit viel Salz und säuerlicher Butter. Ich habe den Fehler gemacht und die Tasse ausgetrunken: Sobald sie leer war, wurde nachgeschenkt.

Gemeinsam haben wir Ideen entwickelt, was die Frauen künftig weben sollten. Denn im Laden in Thimphu kaufen Touristen als Andenken am häufigsten Handtücher. Allerdings sind diese bislang sehr, sehr groß. Die Weberinnen werden es daher künftig auch mit kleinen Waschtüchern, Platzdecken und Tischläufern probieren.

Besonders gut gefiel mir die Seifen- und Kerzenproduktion, da hier mit Pflanzenfarbstoffen und natürlichen ätherischen Ölen gearbeitet wird. Gelbe Zitronengrasduftseife ist mein Favorit. Das Wachs, die Seifengrundstoffe und einige ätherische Öle müssen die Dorfbewohner allerdings dazukaufen. Ich habe sie gefragt, wie sie den Verkaufspreis der Produkte unter Berücksichtigung des Einkaufspreises und der Produktionskosten festlegen. Die Frage hat zu sofortiger Sprachlosigkeit geführt. Daher schlug ich für den nächsten Morgen eine Unterrichtseinheit in Betriebswirtschaft vor.

Beim Unterricht schaute ich in zehn erwartungsvolle Gesichter. Ich begann mit Prozentrechnen. Das konnte leider niemand. Dreisatz? Grundrechenarten? Drei der Anwesenden wussten immerhin zu subtrahieren und zu addieren. Mehr braucht man ja eigentlich auch nicht. Ich habe dann für jedes Produkt erklärt, wie sich der notwendige Endpreis errechnen lässt. Dabei haben wir festgestellt, dass die Herstellung der großen Kerzen bislang ein Zuschussgeschäft ist, weil die Kosten für das Material den Endpreis übersteigen. Nun werden sie diesen anheben. Ich bin mir allerdings nicht sicher, ob sie den Dreisatz in einem Jahr noch anwenden können. Ich glaube, somit scheidet ein Lehramt in Bhutan als zukünftiger Berufsweg für mich aus.

Am Nachmittag bin ich dann noch zu einem Mann gefahren, der Tontöpfe herstellt. Auch das sah sehr mühsam aus, denn er hatte keine dieser sich drehenden Scheiben, die man aus Töpferkursen kennt. So ist er selbst immer um den Tontopf gelaufen. Es ist eine schöne Erfolgsgeschichte: Noch vor zwei Jahren hatte der Mann keine Arbeit. Dann hat ihm die Tarayana Foundation Töpfern beigebracht. Nun kann er damit seine Familie ernähren, und im Dorf muss niemand mehr teure indische Plastikschüsseln kaufen.

Auf dem Rückweg nach Thimphu hielten wir dann in gewohnter Weise an jeder Quelle und drehten schwungvolle Runden um jede Stupa.

**Mit leicht schwindeligem Gruß, Georg**

**BETR.: SCHARFE SCHOTEN**

**Liebe Freunde,**

heute bin ich mit Karma in einem der Hotels in Thimphu gewesen, das unsere Produkte vermarkten soll. Der Direktor legt künftig in den Zimmern Seifen und Briefpapier der Tarayana Foundation aus. Außerdem wird es in der Lobby eine Vitrine mit Waren geben. Weitere Gespräche mit anderen Hotels sind geplant. Wir haben außerdem einige Fairtrade-Läden in Europa per E-Mail angeschrieben.

Den Abend habe ich mit Fernsehen verbracht. Sehr lustig. Die Nachrichten sehen aus, als wären sie bei jemandem im Wohnzimmer aufgenommen worden. Dabei habe ich gegessen. Jedes Gericht ist höllisch scharf, weil alles mit Chili gewürzt wird; das Nationalgericht sind Chilischoten überbacken mit Käse. Dazu gibt es meist Salat aus rohen Chilischoten mit Zwiebeln und ein bisschen Tomate. Ich habe schon fünf Kilo abgenommen. Halte mich mit den mitgebrachten Gummibärchen über Wasser, die ich eigentlich verschenken wollte.

Für das Essen ziehe ich Bhutan einen Glückspunkt ab.

**Viele Grüße, Georg**

**BETR.: GLÜCK IN DOSEN**

**Liebe Freunde,**

heute ist mein letzter Tag. Bei der Arbeit sind wir recht weit gekommen. Vier Wochen sind zwar nicht genug Zeit, um eine umfassende Marketingstrategie zu entwickeln und umzusetzen, aber es reichte für viele Ideen.

Ein letztes Mal bin ich am Nachmittag auf der Suche nach Mitbringseln durch die Stadt geschlendert. In einem kleinen Geschäft habe ich eine schöne Entdeckung gemacht: verzierte Dosen in der Größe eines Fingerhuts (siehe auch Seite 10). Ich habe die Verkäuferin gefragt, wofür diese sind. Sie sagte: „Happiness Container". Glückaufbewahrer.

Was könnte ich euch Passenderes mitbringen? Und hinein kommt in jeden als Startguthaben ein Punkt von meiner Glücksliste. Denn wie ich festgestellt habe: Ich habe genügend davon.

**Viele Grüße, Georg**

Für **Georg Burchardi** bot das bergreiche Bhutan ein besonders ungewohntes Arbeitsumfeld: Im platten Hamburg ist der 37-Jährige für die Versorgung von Schiffen mit Kraft- und Schmierstoffen zuständig.

INFO

## 10 Dinge, die Sie in Bhutan tun sollten

1. Einige Worte in der **Landessprache** lernen – und an Dzongkha verzweifeln. *kadrinché* = Danke; *kusuzangpo* = Guten Morgen; *nga to zani* = Ich möchte essen.
2. **Ema Datsi** probieren – wer sich traut. Das bhutanische Nationalgericht besteht nur aus scharfen Chilischoten und gereiftem Yak-Käse. Reis dazu essen, um die Geschmacksnerven wieder zu beruhigen.
3. In einem Tempel in Thimphu unter Anleitung **meditieren**. Dienstags können Neugierige lernen, sich gemeinsam mit Einheimischen richtig zu versenken. Kontakt: *sompalden@gmail.com*.
4. Von **heiligen Quellen** trinken und noch schöner, reicher und glücklicher werden. Viele Veranstalter in Thimphu bieten entsprechende Touren.
5. Zum Kloster Taktsang, auch **Tigernest** genannt, pilgern, das sich im Paro-Tal in 800 Meter Höhe an einen Felshang schmiegt.
6. **Takine** anschauen und das als „Gnu-Ziege" geschmähte Nationaltier bewundern. Am leichtesten im Motithang-Takin-Reservat von Thimphu möglich.
7. Das **National Folk Heritage Museum** „Phelchey Toenkhyim" in Thimphu besuchen und sehen, wie die Bhutaner während der vergangenen Jahrhunderte in der Hauptstadt gelebt haben – und auf dem Land oft noch immer leben.
8. An einem **Tsechu-Fest** teilnehmen, auf dem Mönche und Laien unter bizarr-dämonischen Masken buddhistische Legenden nachtanzen. Das Fest in Paro ist eines der größten und findet stets Ende März statt.
9. Durch Reisfelder von Metshina aus zum **Tempel der Fruchtbarkeit**, Chimi Lhakhang, wandern und sich dort mit Phallussymbolen segnen lassen. Der Tempel ist Lama Drukpa Kunley gewidmet, der Anfang des 16. Jahrhunderts reihenweise junge Frauen zur Erleuchtung geführt haben soll.
10. Im Tarayana-Shop **Andenken** kaufen und damit Bewohnern wenig entwickelter Regionen helfen. Der Laden befindet sich am oberen Ende der Norzin Lam in Thimphu. ■

# FÜRCHTEN SIE GESPENSTER?

Es ist eine Mischung aus Volkszählung, Erforschung der Gemütslage und »Wer wird Millionär?« – von jedem Einwohner werden fast 300 Antworten erwünscht, wenn Bhutan wieder einmal ein in der Verfassung verankertes Ziel ermittelt: die Zufriedenheit von jedermann. Hier eine Auswahl dieser Glücksfragen

**FRAGE 6:** Haben Sie eine klösterliche Ausbildung?
(....) Nein ...... Jahre

**FRAGE 21:** Erinnern Sie sich bitte an die vergangenen vier Wochen. Wie oft lagen Sie wach, weil Sie sich Sorgen gemacht haben?
(....) Gar nicht
(....) Nicht häufiger als sonst
(....) Eher häufiger als sonst
(....) Häufiger als sonst
(....) Weiß nicht

**FRAGE 34:** Wie oft meditieren Sie?
(....) Täglich
(....) Gelegentlich
(....) Gar nicht

**FRAGE 37:** Wie oft achten Sie bei Ihrem Tun auf mögliche Folgen für Ihr Karma?
(....) Immer
(....) Manchmal
(....) Nie

**FRAGE 85:** Wie gut kennen Sie die Bedeutung von Masken und Tänzen bei nationalen Festen?
(....) Gut (....) Mittel (....) Schlecht

**FRAGE 89:** Wissen Sie, ab welchem Alter man in Bhutan wählen darf?
Mit ...... Jahren (....) Nein

**FRAGE 12:** Welches sind die sechs Dinge, die in Ihren Augen für ein glückliches und zufriedenes Leben am wichtigsten sind?
1. ..........
2. ..........
3. ..........
4. ..........
5. ..........
6. ..........

**FRAGE 14:** Wie beurteilen Sie Ihre Lebensqualität?
(....) Sehr schlecht (....) Schlecht (....) Weder schlecht noch gut (....) Gut (....) Sehr gut

**FRAGE 15:** Wie sehr genießen Sie Ihr Leben?
(....) Überhaupt nicht (....) Ein bisschen (....) Ziemlich (....) Sehr

**FRAGE 62:** In welchem Alter haben Sie zum ersten Mal *doma* [in Blätter eingerollte Betelnüsse] gekaut?
Mit ...... Jahren

**FRAGE 79:** Kennen Sie die Namen Ihrer Urgroßeltern?
(....) Ja (....) Nein

**FRAGE 81:** Angefangen mit Gongsar Ugyen Wangchuck: Wie viele Könige haben Bhutan bis heute regiert?
...... Könige

**FRAGE 86:** Können Sie ein traditionelles Lied singen?
(....) Ja (....) Nein

**FRAGE 91:** Kennen Sie Namen von Parteien? (....) Ja (....) Nein

**FRAGE 95:** Kennen Sie die Namen von Pflanzen und Tieren in Ihrer Umgebung? (....) Ja (....) Nein

**FRAGE 106:** Ist ungeschützter Sex sicher?
(....) Ja (....) Nein (....) Weiß nicht

**FRAGE 204:** Wie stark fühlen Sie sich mit Ihrer Dorfgemeinschaft verbunden?
(....) Sehr stark (....) Stark (....) Schwach (....) Weiß nicht

**FRAGE 111:** Kennen Sie folgende Handwerke?

| | Ja | Nein |
|---|---|---|
| Weben | | |
| Sticken | | |
| Malen | | |
| Zimmern | | |
| Schnitzen | | |
| Bildhauerei | | |
| Schmieden | | |
| Bambusarbeiten | | |
| Maurerei | | |
| Papierschöpfen | | |

**FRAGE 116:** Erzählen Sie Ihren Kindern traditionelle Märchen?
(...) Ja (...) Nein (...) Habe keine Kinder

**FRAGE 186:** Wie viele Beamte sind Ihrer Ansicht nach korrupt?
(...) Alle (...) Viele (...) Wenige (...) Keiner (...) Weiß nicht

**FRAGE 197:** Wie viele Tage haben Sie in den vergangenen zwölf Monaten freiwillige Arbeit geleistet? ......Tage

**FRAGE 100:** Pflanzen Sie Bäume um Ihre Farm oder Ihr Haus?
(...) Ja (...) Nein

**FRAGE 132:** Stimmen Sie mit folgenden Aussagen überein?

| | Stimme zu | Bin weder dafür noch dagegen | Stimme nicht zu | Weiß nicht |
|---|---|---|---|---|
| Frauen sind für Hausarbeit geeigneter als Männer. | | | | |
| Ein Mann sollte mehr verdienen als seine Frau. | | | | |
| Männer sind bessere Führer als Frauen. | | | | |

**FRAGE 157:** Wie bewerten Sie die Arbeit der Regierung in den vergangenen zwölf Monaten in Hinsicht auf:

| | Ausgezeichnet | Gut | Schlecht | Weiß nicht |
|---|---|---|---|---|
| Schaffung von Arbeitsplätzen | | | | |
| Verringerung der Kluft zwischen Arm und Reich | | | | |
| Kampf gegen Korruption | | | | |
| Verbesserung des Gesundheitswesens | | | | |
| Bau/Instandhaltung von Straßen | | | | |
| Stromversorgung | | | | |

**FRAGE 210:** Wie of haben Sie sich im vergangenen Monat mit Ihren Nachbarn getroffen?
(...) Mehrfach pro Woche
(...) Mehrfach pro Monat
(...) Einmal
(...) Keinmal
(...) Weiß nicht

**FRAGE 189:** Was hat Ihr Haushalt in den vergangenen zwölf Monaten für offizielle Anlässe beigesteuert?
(...) Reis, Mais, Weizen
(...) Eier, Käse, Butter, Milch
(...) *ara, bangchang, sinchang* [Alkohol]
(...) Gemüse
(...) Feuerholz
(...) *woola* [freiwillige Arbeit]
(...) Anderes: ......................................................................

**FRAGE: 219:** Wenn Sie nachts durch die Straßen gehen: Wie sicher fühlen Sie sich vor ...

| | Sicher | Halbwegs sicher | Eher unsicher |
|---|---|---|---|
| menschlicher Gewalt | | | |
| wilden Tieren | | | |
| Gespenstern/Geistern | | | |

**FRAGE 233:** Wie beurteilen Sie die Luftqualität in Ihrer Region?
(...) Ausgezeichnet (...) Gut (...) Schlecht (...) Weiß nicht

**FRAGE 205:** Wie sehr vertrauen Sie Bhutanern? (...) Traue den meisten (...) Traue manchen (...) Traue wenigen (...) Traue keinem (...) Weiß nicht

**FRAGE 253:** Wie oft sortieren Sie Glas, Dosen, Plastik u. Ä. zur Wiederverwendung?
(...) Immer (...) Manchmal (...) Nie

**FRAGE 241:** Wie sehr beunruhigt Sie der Klimawandel?
(...) Sehr (...) Wenig (...) Überhaupt nicht (...) Weiß nicht

**FRAGE 277:** Aus welchen Materialien besteht Ihr Dach?
(...) Beton/Setin
(...) Metall
(...) Lehm
(...) Holz
(...) Stroh/Blätter
(...) Bambus
(...) Schiefer
(...) Sonstiges: ......................................................................

**FRAGE 288:** Welche und wie viele Tiere besitzen Sie?
Yaks: ..........
Kühe: ..........
Bullen: ..........
Ziegen: ..........
Schafe: ..........
Pferde: ..........
Esel: ..........
Maultiere: ..........
Hühner: ..........
Schweine: ..........

*Quelle: Centre for Bhutan Studies. Alle Fragen unter: www.grossnationalhappiness.com*

# dossier

Die Region komprimiert — HIMALAYA

Verschleppt und verschwunden: Demonstranten mit einem Bild des Dalai-Lama-Nachfolgers

SCHICKSALSTAGE

## VON KAMPFMÖNCHEN UND KÖNIGSMÖRDERN

Der schier ewige Streit um Territorien und Thronnachfolgen hat den Himalaya zum wohl höchstgelegenen Konfliktherd der Welt gemacht

Tibet, Mai **1995**. Chinesische Geheimpolizisten verschleppen den sechsjährigen Gendün Chökyi Nyima und seine Eltern an einen unbekannten Ort. Wenige Tage zuvor ist der Junge vom Dalai Lama als Wiedergeburt des Panchen Lama, des zweithöchsten Würdenträgers im tibetischen Buddhismus, anerkannt worden. Auch die von China gebilligte Findungskommission in Tibet hat den Jungen ausgewählt und um den Rat des Dalai Lama gebeten. Doch dass der berühmte Lehrer im indischen Exil die Auffindung des kleinen Panchen Lama einfach öffentlich machte, statt die Verkündung der Nachricht den Chinesen zu überlassen, erzürnt die Machthaber in Beijing. Sie erklären die Wahl für nichtig und lassen im Dezember ein anderes tibetisches Kind als Panchen Lama inthronisieren. Damit greift die Kommunistische Partei erstmals direkt in die Kür eines hohen tibetischen Lehrers ein. Da die Religion sich offenbar nicht ausrotten lässt, versucht Beijing sie nun zu lenken und regimetreue Gegenspieler zum Dalai Lama aufzubauen. Neben dem Panchen Lama soll dies der Karmapa werden, das geistige Oberhaupt des mächtigen Kagyü-Ordens. Doch der 14-Jährige flieht im Dezember 1999 über den winterlichen Himalaya – zum Dalai Lama nach Indien (siehe Seite 42–47).

***

Kaschmir, im Jahr **2000**. So explosiv erscheint die Konfrontation der beiden Atommächte Pakistan und Indien in den Bergen von Kaschmir, dass US-Präsident Bill Clinton vom „vielleicht gefährlichsten Ort der Welt" spricht. Fünf Jahre später warten Zehntausende Menschen jubelnd im Regen, als erstmals seit mehr als einem halben Jahrhundert ein Bus über die indisch-pakistanische Grenze des umkämpften Gebietes fährt. Dass sich jahrzehntelang getrennte Familien wiedersehen können, ist der Höhepunkt einer 2003 begonnenen Annäherung zwischen den zerstrittenen Ländern. Seit der Unabhängigkeit von Großbritannien 1947 haben die verfeindeten Nachbarn drei Kriege um Kaschmir geführt. Der größere Teil der Grenzregion wird von Indien kontrolliert, ein kleinerer je von Pakistan und China. In den 1990er Jahren lieferten sich muslimische Separatisten im indischen Teil Kaschmirs mit der Armee einen grausamen Krieg. Neu-Delhi verdächtigte Pakistan, militante Islamisten zu bewaffnen, Islamabad hielt Indiens Soldaten Menschenrechtsverletzungen vor. Im neuen Jahrtausend wird es nun ruhiger in Kaschmir. Nicht zuletzt auf Druck der USA haben Indien und Pakistan Friedensgespräche begonnen und einen „heißen Draht" eingerichtet. Dieser bewährt sich im Oktober 2005: Als ein verheerendes Erdbeben vor allem die pakistanische Seite Kaschmirs erschüttert, öffnet Islamabad die Waffenstillstandslinie für Hilfsgüter aus Indien.

***

Nepal, 1. Juni **2001**. Im Tarnanzug, bewaffnet mit einem Sturmgewehr und mehreren Maschinenpistolen, stürmt →

Ein Mörder auf dem Thron? Nepals Kurzzeit-König Gyanendra bei seiner Krönung 2001

Kronprinz Dipendra am Abend in den königlichen Salon und richtet seinen Vater, König Birendra, seine Mutter und sieben weitere Familienmitglieder hin. Anschließend schießt er sich selbst eine Kugel in den Kopf. Der sturztrunkene Thronfolger lief offenbar Amok, weil die Eltern seine Geliebte nicht akzeptieren wollten. So zumindest lautet die offizielle Version nach dem Massaker. Viele Nepalesen indes verdächtigen den Bruder des Königs, Gyanendra, der Tat. Einen schwerreichen Geschäftsmann und Liebhaber teurer Autos – der nun den Thron besteigt. Sehr zum Unmut Gyanendras spielt der Monarch in Nepal seit 1990 nur noch eine zeremonielle Rolle. Bedroht wird sein Herrschaftsanspruch aber vor allem durch eine maoistische Guerilla, die seit 1996 von Westnepal aus Krieg gegen die Staatsmacht führt. Im Namen der Armen erpressen die Rebellen Schutzgelder, morden und rekrutieren Kinder. Das Ziel der Maoisten ist eine radikale Landreform – und der völlige Sturz der Monarchie.

***

Nepal, Februar **2007**. Kurzerhand ersetzt die Regierung das Bild des Königs auf Banknoten durch den Mount Everest. Der Monarch verliert das Oberkommando über die Armee und wird nicht mehr in der Nationalhymne erwähnt. Gyanendra selbst hat den Anstoß zu seiner Entmachtung gegeben: Im Februar 2005 riss der ungeliebte Monarch die Staatsmacht an sich und verhängte den Ausnahmezustand. Daraufhin demonstrierten Zehntausende Nepalesen in Kathmandu für die Demokratie – und erzwangen im April 2006 die Wiedereinsetzung des Parlaments. Doch da war es für den König längst zu spät. Im Kampf gegen den Autokraten hatten sich die bürgerlichen Parteien und die maoistische Guerilla verbündet. Sie schlossen im November einen Friedensvertrag, der den zehnjährigen Bürgerkrieg beendete. Nun sitzt der einst so gefürchtete Rebellenchef Prachanda mit in einer Übergangsregierung. Im April 2008 erringen seine Maoisten bei den Wahlen über 30 Prozent der Stimmen. Das neue Parlament beschließt umgehend die Abschaffung der Monarchie – und gibt König Gyanendra 15 Tage Zeit, den Palast zu räumen.

Bhutan, Dezember **2007**. Die Bewohner des kleinen Himalaya-Reiches führen die Demokratie ein und wählen erstmals ein Parlament – auf Drängen des Königs. Der im Volk überaus beliebte Jigme Singye Wangchuck wirbt für die Beschneidung seiner Macht und die Einführung einer demokratisch-konstitutionellen Monarchie nach britischem Vorbild. Er hält es für unklug, wenn ein einzelner Mann über die Geschicke eines ganzen Landes entscheidet. Bhutans Monarch hat sein Reich in den vergangenen Jahrzehnten behutsam modernisiert. Er ließ Straßen bauen, Schulen und kostenlose Gesundheitszentren. Gleichzeitig wachte er darüber, dass seine Untertanen ihre traditionelle Lebensweise bewahren: Die Bhutaner sollen sich in Landestracht kleiden und ihre Häuser in althergebrachtem Stil bauen. Erst 1999 gestattete der wohlmeinende Patriarch die Benutzung von Fernsehen und Internet. Im Dezember 2006 hielt Jigme Singye die Zeit erneut reif für einen Wandel: Überraschend übergab er die Amtsgeschäfte seinem 26-jährigen Sohn Jigme Khesar Namgyel Wangchuck. Der Thronfolger hat in Oxford Politikwissenschaft studiert – und hält wie sein Vater das „Bruttosozialglück" der Bhutaner für wichtiger als das Wirtschaftswachstum. Eine Auffassung, die auch alle Parteien im neuen Parlament teilen.

***

Tibet, 14. März **2008**. In der Hauptstadt Lhasa zertrümmern wütende Jugendliche chinesische Geschäfte und stecken Dutzende Häuser in Brand. Der lang auf-

Free Tibet! Chinesische Soldaten verhaften in Lhasa einen protestierenden Mönch

Militärmachthaber Musharraf tritt zurück, der Kaschmir-Konflikt bleibt weiterhin ungelöst

gestaute Zorn der Tibeter entlädt sich, nachdem die chinesische Armee friedlich demonstrierende Mönche verhaftet hat, die an den Volksaufstand von 1959 erinnern wollten. Zehntausende Tibeter starben damals im Kampf gegen die chinesischen Besatzer, der Dalai Lama musste nach Indien fliehen. Auch diesmal schlagen Chinas Machthaber die Rebellion brutal nieder – obwohl damit, nur wenige Monate vor den Olympischen Spielen, Beijings internationales Ansehen schweren Schaden nimmt. Die Kommunistische Partei macht den Dalai Lama für die Gewalt in seiner Heimat verantwortlich. Er sei „Spalter", ein „Wolf in Mönchskutte". In den folgenden Monaten verschärft Beijing die Kontrolle über Tibet: Verdächtige Klöster werden von Soldaten umstellt, unliebsame Mönche verschwinden, Ausländern wird die Einreise verwehrt. Als sich der Aufstand von 1959 im Frühjahr 2009 zum 50. Mal jährt, lässt die KP ihre einstige Machtübernahme in Tibet feiern – als Tag der „Befreiung von der Leibeigenschaft".

***

Kaschmir, Juni **2008**. Kaum einen halben Quadratkilometer groß ist das Fleckchen Land, das die Provinzregierung von Jammu und Kaschmir der Verwaltung eines Hindu-Schreins für den Bau von Pilgerunterkünften überlassen will. Doch der Beschluss löst unter der mehrheitlich muslimischen Bevölkerung des indischen Bundesstaates die schwersten Unruhen seit 20 Jahren aus – und wird schließlich rückgängig gemacht. Auch in der großen Politik hat sich die Stimmung verfinstert: Noch 2007 schienen Pakistans Militärmachthaber Pervez Musharraf und Indiens Premier Atal Behari Vajpayee kurz vor einer Einigung über die Autonomie Kaschmirs zu stehen. Doch die innenpolitischen Wirren in Pakistan zwingen Musharraf im August 2008 zum Abtritt. Drei Monate darauf richten islamistische Terroristen in Indiens Millionenstadt Mumbai (Bombay) ein Blutbad mit mindestens 163 Toten an. Die Tat wurde offenbar in Pakistan geplant. Als sich die dortigen Behörden nach Ansicht Indiens nur halbherzig um die Verfolgung der Drahtzieher bemühen, bricht der Dialog über Kaschmir ab.

***

Neu-Delhi, 25. Februar **2010**. Man wolle „in Kontakt bleiben". Einzig darauf können sich die hochrangigen Diplomaten Indiens und Pakistans einigen, als sie 15 Monate nach den Anschlägen von Mumbai zögerlich das Gespräch aufnehmen. Für Kaschmir gibt es wieder eine vage Hoffnung auf Frieden. In welch weiter Ferne der jedoch liegt, zeigt sich im Sommer 2010: Nachdem ein Student von einem Tränengasgeschoss der Polizei tödlich getroffen wurde, randalieren zornige Jugendliche in den Straße Srinagars. Das brutale Vorgehen der indischen Sicherheitskräfte facht die Unruhen weiter an. Dutzende Zivilisten sterben.

***

Nepal, 28. Mai **2010**. Wenige Stunden vor Ablauf der Frist einigen sich die großen Parteien darauf, den Termin für die Verabschiedung einer neuen Verfassung um ein Jahr zu verschieben. Zu den heikelsten Streitfragen der verfassunggebenden Versammlung gehört die geplante Eingliederung von nahezu 20000 maoistischen Kämpfern in die staatliche Armee. Seit dem Sturz der Monarchie ringen die Maoisten, die Kommunisten und der Nepali Congress um die Macht. Die erste Koalitionsregierung unter Pushpa Kamal Dahal, wie der einstige Rebellenführer Prachanda mit bürgerlichem Namen heißt, scheiterte im Mai 2009. Die Maoisten lähmten in den folgenden Monaten mit Generalstreiks das politische Leben. Immerhin: Nun stimmen sie einer Fristverlängerung für die Verfassung zu – unter der Bedingung, dass der kommunistische Regierungschef Madhav Kumar Nepal zurücktritt. ■

*Susmita Arp*

Kaschmir: Steine für die Unabhängigkeit

Kletterer bei Sichtung von Schriftstücken

## HOCH-KULTUR

In kaum zugänglichen Höhlen heben Bergsteiger Schätze, die für Archäologen unerreichbar sind

**IMMER WIEDER HATTEN EINHEIMISCHE** im nepalesischen Distrikt Mustang davon berichtet: geheimnisvolle Schriften, die in über 200 Meter über Grund aus Höhlen flatterten. Nun machte sich eine Expedition auf, die Manuskripte zu bergen – ein Vorhaben, derart riskant, dass die Bergung professionellen Kletterern überlassen werden musste. Der Fels ist an dieser Stelle so brüchig, dass die Alpinisten zur Sicherung Haken von beinahe einem Meter Länge hineinschlagen mussten. 14 Stunden brauchten sie allein für 100 Meter. Oben angekommen, drohte den Forschungsreisenden Steinschlag, bevor sie das verzweigte System aus Höhlen und Tunneln erkunden konnten. Als sie ihr Ziel erreichten, gewahrten sie einen mächtigen Felsendom. Darin, auf dem Boden verstreut: mehr als 8000 antike Handschriften, illustriert mit Zeichnungen vorbuddhistischer Bön-Gottheiten, die meisten aus dem 15. Jahrhundert. Sie lassen vermuten, dass die damaligen Könige neben dem Buddhismus sicherheitshalber auch eine ältere Religion praktizierten.

Ab hier geht's bergab, 500 Meter lang

## AUF DER SCHIEFEN BAHN

Bisher gilt die Landepiste in Lukla als eine der gefährlichsten der Welt. Nun soll sie sicherer werden

**ES IST NICHT ÜBERTRIEBEN ZU BEHAUPTEN,** der Flughafen von Lukla sei ja wohl die Höhe. Nicht nur, weil er fast 3000 Meter über dem Meer und nur ein paar Meilen vom Mount Everest entfernt liegt. Sondern vor allem, weil die Anlage selbst Schwindel erregt: Abschüssig ist die Rollbahn und einerseits von der Flanke eines Berges begrenzt. So können Flugzeuge zwar bremsende wie beschleunigende Wirkung des Gefälles nutzen, zum Landen haben sie aber nur einen Versuch: Schnell hochziehen geht nicht, zu nah ist die Maschine dann bereits an der Wand. Im Oktober 2008 kosteten diese widrigen Bedingungen 18 Menschen das Leben: Der Pilot hatte die Wetterlage falsch eingeschätzt und die Maschine gegen einen Felsen gelenkt. Nun soll der Flughafen sicherer werden, wenigstens ein bisschen: Die Kartoffelfelder am abschüssigen Ende der Piste will man der Landebahn zuschlagen, die so um gut 20 Meter wachsen würde. Außerdem gelten strengere Regeln. Sobald die Sicht eingeschränkt ist, verbietet der Tower den Anflug. Und zwar unerbittlich.

Der Erfolg liegt auf der Hand: Raupenpilze

## GLÜCKSPILZ

Er soll Potenz und Gesundheit steigern – daher wird der »Yartsa Gunbu« wie Gold gehandelt

**GEGEN DEN NEPALESISCHEN RAUPENPILZ** sind heimische Schwammerl keinen Pfifferling wert. Denn für den fleischfressenden „Yartsa Gunbu", zu Deutsch „Sommergras-Winterwurm", werden kleine Vermögen gezahlt. Wenn im Frühjahr seine Sporen keimen, nisten sie sich in den Raupen eines Nachtfalters ein und zerstören den hilflosen Wirt von innen. Derart perfide ist das Pilzmonster, dass es lebenswichtige Organe der Larve zunächst verschont. So kann der Winterwurm an seiner lebenden Vorratskammer knabbern – bis es ihm beliebt, zum Sommergras zu werden. Dann macht er seinem Wirt kurzen Prozess, frisst ihn vollends und stößt ans Licht. Für gewöhnlich wird ihm dann rasch sein eigentlicher Platz in der Nahrungskette zugewiesen: durch nepalesische Pilzsammler nämlich, die zu seinem Erscheinen massenweise in die Berge strömen. Für ein Kilo Yartsa Gunbu kassieren sie auf dem Markt mehr als 5000 Euro. Die Ware geht nach China, wo sich der Pilz als potenzsteigernde Delikatesse großer Beliebtheit erfreut.

Rübermachen auf himalayische Art

## WISSEN VERBINDET

Bei Hängebrücken orientieren sich auch Ingenieure hierzulande an den Konstruktionen im Himalaya

**WER'S DENN ERFUNDEN HABE,** fragen Schweizer gern, um alsdann genießerisch auf sich zu verweisen. Zurzeit tüfteln die ingeniösen Eidgenossen beispielsweise an Lösungen zur Überbrückung abschmelzender Gletscher. Logisch: Wo kein Eis mehr, da kein Weg, jedenfalls nicht trockenen Fußes. Im Fall der Brücke über den schwindsüchtigen Triftgletscher im Kanton Bern allerdings wird das Urheberrecht bei Indern und Chinesen vermutet, jedenfalls schreibt man ihnen die ersten Hängebrücken überhaupt zu. Dazu stehen selbst die Schweizer. Zwar haben sie die luftige Querung – gerade 60 Zentimeter misst sie in der Breite und schwebt 100 Meter über dem Wasser – von einem Landsmann, dem Ingenieur Johannes Pfaffen aus Chur, erbauen lassen. Der ausgewiesene Hängebrückenspezialist aber hat sein Handwerkszeug im Himalaya gelernt. Jahrelang hat sich Pfaffen in Bhutan und Nepal mit den Finessen der windigen Konstruktionen beschäftigt, es hierdurch in Kathmandu gar zum Universitätsdozenten gebracht.

LADAKH

## BERG UNTER

Der Klimawandel: Nun werden auch die Hochregionen von einem für sie bislang seltenen Phänomen heimgesucht – Springfluten

**NORMALERWEISE REGNET ES NICHT** in Ladakh, dem nördlichsten Zipfel Indiens, zwischen Karakorum und Himalaya, dreieinhalb Kilometer über dem Meer gelegen. Der August 2010 aber war nicht normal, denn plötzlich: ein Wolkenbruch, Rinnsale wurden zu Sturzbächen, traten über die Ufer, fester Bergboden löste sich und donnerte talwärts, riss Autos, Busse, Häuser mit, brachte Bauern und Trekkingurlaubern den Tod. Zeit zu fliehen hatten sie kaum, binnen 30 Sekunden rutschte die Schlammlawine von den Bergen. Mehr als 150 Menschen verloren ihr Leben in den Wassermassen, darunter fünf deutsche Touristen. Während die Einwohner Opferfeuer für die Toten leuchten ließen, goss es weiter und hinderte die Helfer daran, Überlebende zu bergen – 150 Quadratkilometer wurden von der Flut verwüstet, meterhoch türmte sich der Schlamm, kein Strom, kein Telefon, kein Flugverkehr. Insgesamt kostete die Sintflut, die weiter im Süden, vor allem in Pakistan, noch verheerender wütete, etwa 1600 Menschen das Leben. Ob sich derartige Katastrophen in Zukunft verhindern lassen, ist ungewiss: Forscher vermuten, dass die globale Großwetterlage eine Rolle spielt. So sollen die gleichzeitig lodernden Waldbrände in Russland ein dortiges Hochdruckgebiet derart verstärkt haben, dass über dem Himalaya extreme Winde entstanden. Die wiederum sorgten für Regen an den Südflanken des gewaltigen Gebirges. Zudem war 2010 der Monsun ungewöhnlich stark, das Nass kroch in diesem Jahr weiter in Richtung Norden als üblich.

Flüchtlinge in Ladakh: Was vom Leben davor blieb, passt in einen Plastiktrog

NEPAL

## NICHTS GEHT MEHR

In Nepal hat sich eine bizarre Protestkultur entwickelt: Fast täglich lähmen Generalstreiks Teile des Landes. Unter ihnen leidet vor allem die normale Bevölkerung, der die Ausstände eigentlich helfen sollen

**IN DEUTSCHLAND SIND GENERALSTREIKS,** solche also, die das gesamte Land lahmlegen würden, rechtswidrig. In Nepal hingegen sind sie derart alltäglich, dass die Internetseite *www.nepalbandh.com* einen öffentlichen Streikkalender führt, in dem kaum ein Monat ohne Einträge ist. *Bandh* ist das Hindi-Wort für Generalstreik, und schuld am ständigen Stillstand sind die Maoisten. Im Mai 2010 wollten sie so den Premierminister zum Rücktritt zwingen – vor allem in Kathmandu ging eine Woche lang gar nichts mehr: Geschäfte blieben geschlossen, Büros leer, die Schule fiel aus. Laut der nepalesischen Anti-Streik-Webseite *www.nobandh.org* kostet der Stillstand das Land täglich umgerechnet etwa 15 Millionen Euro, zudem schreckt das Streikrisiko ausländische Investoren ab. Auch dem Tourismus schaden die häufigen Ausstände: Das Auswärtige Amt weist in seiner Reisewarnung nicht nur auf mögliche Verzögerungen im Verkehr hin, sondern warnt beispielsweise auch vor brennenden Reifen.

Viele Menschen im Land würden lieber weiterarbeiten. Doch Streikbrecher werden hart bestraft: Im Mai verwüsteten Anhänger der Maoisten im Touristenviertel Thamel ein Restaurant, das trotz Streiks geöffnet hatte. Das Durcheinander im öffentlichen Raum spiegelt die chaotischen innenpolitischen Zustände im bettelarmen Land wider. 2006 gaben die Maoisten den bewaffneten Widerstand auf, mit anderen Parteien stürzten sie dann den König. Zwar gewann Maoisten-Führer Prachanda die anschließenden Wahlen, doch seitdem herrscht ein ununterbrochener Machtkampf in Nepal.

**»Alle Räder stehen still…«: Die einflussreichen Maoisten mobilisieren ihre Anhänger in der Innenstadt von Kathmandu**

Läden mit Plagiaten im Touristenviertel

## ALLES, WAS FALSCH IST

In Nepal blüht der Handel mit gefälschter Trekkingausrüstung. Aber nicht alle Angebote sind Ramsch

**SELBST IN DEUTSCHEN FUSSGÄNGERZONEN** konnte sie sich durchsetzen: die Outdoor-Jacke, und mit ihr eine unerschöpfliche Palette Accessoires. Kein Wunder, dass Produktfälscher vom Geschäft profitieren wollen. Zum Beispiel in Thamel, dem Touristenviertel Kathmandus. Im Angebot: spottbillige Faksimiles der bekannten Marken: Handschuhe, Schlafsäcke, Rucksäcke. Eine windabweisende Funktionsjacke des Bergsportausrüsters Mammut etwa kostet hier 20 Euro, ein Zehntel des Originalpreises. Oft sind die Raubkopien schlichtweg unbrauchbar – äußerlich aber authentisch genug, um Laien zu täuschen. Aber nicht alles ist Billigware. So gibt es die meisten Plagiate in verschiedenen Qualitäts- und Preisstufen. Bei den kostspieligeren Kopien ist mitunter selbst für Experten ein Unterschied nur schwer auszumachen. „Ich würde nicht mit einem gefälschten Daunenanzug von North Face auf den Everest steigen“, sagt die in Kathmandu lebende Alpinistin Billi Bierling. „Aber für kleinere Unternehmungen sind die Sachen oft absolut ausreichend.“

Very Slow Food: Schlange vor Nepals KFC

## ALLERWELTSGESCHMACK

Nun erreicht die Globalisierung auch kulinarisch den Himalaya: mit Norm-Pizzen und Brathuhn von der Stange

**NEPAL HAT DAS GLÜCK,** nie kolonisiert worden zu sein. Das galt bisher auch für den kulinarischen Bereich, bislang war Dhal Bhat das Maß der Dinge. Jetzt hat das Linsen-Reis-Gericht Konkurrenz bekommen, und zwar von einem der weltgrößten Konzerne: Die US-Kette Yum!, laut Selbstdarstellung Experte für „aggressive internationale Expansion“, färbt derzeit die letzten weißen Flecken ihrer Weltkarte – rot, versteht sich, in den Farben ihrer Top-Marken Pizza Hut und Kentucky Fried Chicken. Und wie es sich für einen Kolonialherren geziemt, hat man sich im besten Haus am Platz einquartiert, gegenüber dem ehemaligen Königspalast von Kathmandu. Burger-Ketten halten sich jedoch weiterhin fern. Aber nicht, weil Kühe in Nepal als heilig gelten, erklärt eine McDonald's-Sprecherin. Schließlich betreibe der Konzern in Indien 179 Restaurants mit vorwiegend vegetarischen Angeboten, Hühner- und Schweinefleisch. Vielmehr genüge in Nepal das notwendige Versorgungsnetz noch nicht den Ansprüchen des Konzerns.

Immer trittsicherer – im Alltag wie auf Eis

## GEBT EUCH EINEN PUCK!

Sie sollen fit fürs Leben werden. Daher lernen Jugendliche in Ladakh inzwischen – Eishockeyspielen

**ALS SPORT-ASSE** sind die Bewohner des Himalaya bisher nicht in Erscheinung getreten. Bhutan etwa entsandte lediglich zwei Bogenschützen zu den Olympischen Spielen 2008 (der Bessere erreichte den 54. Platz). Möglicherweise steht den Bergbewohnern aber nun eine zarte Blüte in einer raubeinigen Sportart bevor: Eishockey. Zumindest, wenn es nach einem US-Amerikaner geht, der sich selbst „The Hockey Volunteer“ nennt und sein Leben als Missionar in Sachen sportlicher Völkerverständigung verbringt: 2007 brach Adam Sherlip seine Karriere als Manager eines New Yorker Profiteams ab und flog stattdessen um die Welt, um Kinder für Eishockey zu begeistern. Dabei geht es jedoch nicht nur um Körpereinsatz und den reinen Spaß am Spiel. Vielmehr soll der etwas ruppige Sport Durchsetzungsvermögen und Selbstbewusstsein stärken. Die Kinder im nordindischen Ladakh ließen sich jedenfalls von Sherlips Leidenschaft anstecken und steigen seither mit Vergnügen auf Kufen auf die holprige Oberfläche der selbst angelegten Eisflächen.

## SA DINGDING

**DASS DIE PALETTE CHINESISCHER IMPORTGÜTER** ständig ausgeweitet wird, ist man gewohnt. Popmusik dagegen kam bisher vor allem aus westlicher Richtung. Dabei spielt China inzwischen auch auf diesem Markt mit, zum Beispiel mit Sa Dingding, jener porzellanenen Flüsterhexe, die mit Schulmädchenstimme „Hua" oder „Ha Ha Li Li" singt und aus betörenden Augen blinzelfrei die Musikvideokamera fixiert. Eindimensional nur auf den ersten Blick: Die 28-jährige Mongolin singt auch auf Tibetisch, ihre Videos strotzen vor Folklore des von China besetzten Himalaya-Gebiets. In der strengen Volksrepublik kann das durchaus als Regimekritik verstanden werden, auch wenn Sa Dingdings Texte von unpolitischer Harmlosigkeit sind und sie sich bei Interviews zum Thema Tibet in Phrasen flüchtet. Seit die Musikerin 2008 in London einen World Music Award gewann, steht ihr das Tor zum Westen weit offen. Witze über den Namen der ehrgeizigen Nomadin macht übrigens nur, wer nicht weiß, dass die bisher erfolgreichste Musikerin des Jahrzehnts unter Lady Gaga firmiert.

## SHRIKRISHNA UPADHYAY

**DAS LEBENSWERK** von Shrikrishna Upadhyay sind kleine Schritte – nach vorn, nicht zu irgendeiner politischen Seite. Upadhyay, in Nepal geboren, in den USA ausgebildet, wurde Entwicklungshelfer, nach Jahren als Funktionär in der Zentralverwaltung seines Landes. Von oben herab funktioniert es nicht, befand er, und gründete 1991 die Nichtregierungsorganisation Sappros. Das Ziel: Entwicklungshilfe auf unterster Ebene vorantreiben, die Menschen selbstständig machen, nicht abhängig. Dazu beginnen die Helfer mit Bestandsaufnahmen in den Dörfern, die sie besuchen. Welche Ressourcen sind vorhanden, wer ist arm, wer reich, und warum ist das so? Dann wählen die Bewohner aus ihren eigenen Reihen einen, der das Projekt in die Hand nimmt. 323 Kilometer Landstraßen sind so entstanden, 582 Schulen und Tausende Wasserversorgungsanlagen. Selbst auf dem Höhepunkt des zehnjährigen Bürgerkrieges (siehe Seite 115–117) machte Upadhyay weiter, in manchen der umkämpften Gebiete war Sappros die einzig verbliebene Hilfsorganisation. 2010 erhielt der 65-Jährige den alternativen Nobelpreis.

## PETER HILLARY

**SEIN VATER IST UNSTERBLICH**, bestieg doch Edmund Hillary mit Tenzing Norgay als Erster den höchsten Berg der Erde. Da kann man als Sohn schlecht höher hinauf. Hillary junior, Vorname Peter, geboren 1954, anderthalb Jahre nach Vaters Pioniertat, macht deswegen in Vermarktung. Des eigenen Namens vor allem, schließlich ist es ein Unterschied, ob, wenn man im Allradvehikel von Lhasa zum Mount-Everest-Basislager rauscht, ein echter Erstbesteigersohn dabei ist oder nicht. Auch bei seinem zivilen Zweitjob, dem Motivieren schlapper Manager („Besteige deinen eigenen Everest!"), verweist Peter in Abgrenzung zu gewöhnlichen Motivatoren auf den „Hillary-Unterschied". Der besteht vornehmlich in seiner Eigenschaft als Sohn. Aber nicht nur. Denn Hillary ist hochdekorierter Alpinist, wie er nicht müde wird nachzuweisen, bestieg die höchsten Gipfel aller Kontinente, den Everest sogleich zweifach, und auch eine neue Route zum Südpol hat er gefunden. Vielleicht, weil er einfach einmal nicht in die Fußstapfen des Vaters treten wollte.

## JIGME KHESAR NAMGYEL WANGCHUCK

**HIERZULANDE REGIEREN WEISE KÖNIGE** ausschließlich im Märchenreich. Der Drachenkönig von Bhutan dagegen kommt – seinem wilden Namen zum Trotz – dem Ideal des gütigen Herrschers in Wirklichkeit nahe. Wenn auch nicht optisch, zumindest was den aktuellen Amtsinhaber betrifft. Denn statt dichtem weißem Bart ziert die Wangen des 30-Jährigen keinerlei Haar. Erst 2003 kehrte Jigme Khesar Namgyel Wangchuck, so sein Name, vom Studium aus Oxford in die bergige Heimat zurück. Für eine Würdigung seines Schaffens ist der Herrscher mithin nicht lang genug im Amt; noch bis 2006 regierte sein Vater. Der allerdings war mit der Zeit gegangen: Freiwillig übertrug er dem Volk die Macht und schuf in seinem Land, das gerade so viel Erdoberfläche beansprucht wie der Großraum Moskau, eine demokratisch-konstitutionelle Monarchie mit einem Zweikammerparlament. Das Drachenreich dürfte der einzige Staat sein, dessen König seine Untertanen zur Herrschaft gleichsam zwingen musste. Die traditionsbewussten Bhutaner waren eigentlich ganz zufrieden mit ihrer Monarchie. Beruhigt hat sie womöglich jener Passus der neuen Verfassung, der als vorrangiges Staatsziel *gross national happiness* vermerkt, zu Deutsch: Bruttosozialglück (siehe auch Seite 112–113).

## KHAGENDRA THAPA MAGAR

**GANZ AMTLICH** ist Khagendra Thapa Magar nun Minimalist: 67,08 Zentimeter misst er vom Scheitel bis zur Sohle, der kleinste Mann der Welt. So kurz, wie es sein winziger Oberkörper verlangt, lässt sich die Krawatte seiner Schuluniform gar nicht binden, wie überhaupt die Welt zu groß erscheint für ihren kleinsten erwachsenen Bürger. Möchte er sich die Hände waschen: eine Klettertour aufs Waschbecken; will er etwas vom Tisch nehmen: Klimmzüge. Sein Arzt vermutet eine Fehlfunktion der Hirnanhangdrüse, zuständig für das Ausschütten von Wachstumshormonen, als Ursache für die Kleinwüchsigkeit. Seine Familie hadert indes nicht mit den Ausmaßen, sondern hofft, für den kleinen Rekordhalter werde weniger dereinst mehr sein. Kürzlich ist er 18 Jahre alt geworden, hat somit das Recht, im Guinnessbuch der Rekorde zu firmieren. Vielleicht, hofft die Verwandtschaft, könne der Sohn so Geld verdienen. Der größte Mann der Welt lebt in der Türkei – was Khagendra Thapa Magars Landsleute wenig beeindruckt. Ihre Messlatte für Höhenrekorde liegt bekanntlich nicht bei zweieinhalb, sondern bei 8848 Metern. Schließlich ist der Mount Everest ein halber Nepalese.

## SADICHA SHRESTHA

**WÄHREND SICH NEPAL** in vielerlei Hinsicht vom Rest der Welt abhebt, gleicht es anderen Ländern wenigstens in einem: Seine zahllosen schönen Frauen drängt es zu ermitteln, welche nun die Allerschönste sei. Und wie anderswo findet sich auch in Nepal mühelos männliches Publikum, das dieses Ritual aufmerksam verfolgt (natürlich im Offiziersklub von Kathmandu). 2010 hieß die glückliche Miss Nepal Sadicha Shrestha, und mag ihr Name auch ein wenig rumpeln im westlichen Ohr, so ist sie, elfenhaft brünett, doch unbestreitbar das Gegenteil alles Rumpeligen. Wie es sich geziemt, möchte Shrestha ihren Ruhm für einen guten Zweck einsetzen – als Botschafterin des WWF und einer nepalesischen Krebsfürsorge-Gesellschaft. Ganz uneigennützig ist das Schönheitsköniginnentum freilich nicht, denn Miss Nepal ist nun auch um 50 000 Rupien und einen chinesischen Kleinwagen reicher. Allein, zu einem Leben in Saus und Braus reicht der Geldsegen nicht: Umgerechnet entspricht die Summe 500 Euro. ■ *Sebastian Kretz*

# Die Schönheit unserer Erde erleben –

**GEO-Kalender »Traumpfade«**

Mit der White Pass & Yukon Railway durch die Küstenwälder Kanadas fahren, auf dem Kamm des Mount Aorai hoch über Tahiti wandern: Expeditionsbilder, die Fernweh auslösen.

**Format: 60x55 cm, Preis: € 49,– / € 49,50 (A) / CHF 80.50**
**Best.-Nr.: G 692000**

**GEO Special-Kalender »Amerikas Küsten«**

Neue Welt nannten europäische Seefahrer jenen Kontinent, von dessen Pracht und Andersartigkeit sie so überwältigt waren. In zwölf Bildern stellt GEO die schönsten Abschnitte der Küste Nord- und Südamerikas vor.

**Format: 50x45 cm, Preis: € 29,– / € 29,30 (A) / CHF 44.50**
**Best.-Nr.: G 692300**

**GEO-Panoramakalender »Lichte Weiten«**

Warten, bis der Morgennebel langsam die Berge freigibt. Dank seiner immensen Geduld gelingt es Fotograf David Noton, Panoramen einzufangen, die eine magische Kraft entfalten: Sie lassen den Betrachter zur Ruhe kommen.

**Format: 137x60 cm, Preis: ~~€ 109,–~~ UVP € 99,– / € 99,90 (A) / CHF 149.–**
**Best.-Nr.: G 691900**

## Ihre Spar-Vorteile

1. **Sie sparen € 10,–** gegenüber der UVP im Handel bei Bestellung eines Panoramakalenders!
2. **10 % Rabatt** bei Bestellung von mind. 2 Kalendern!*
3. **Versandkostenfrei** ab einem Bestellwert von € 100,–!
4. **Abonnentenrabatt** Abonnenten eines GEO-Titels sparen 10 % bei allen Kalendern.*

**Diese und weitere Kalender unter www.geo.de/kalender**

# service

Die wichtigsten Tipps — HIMALAYA

## TEMPEL, TEE UND TREKKINGTOUREN

Natürlich könnten wir Ihnen Dutzende Gründe nennen, warum Sie unbedingt in den Himalaya reisen sollten. Aber fragen wir doch mal diejenigen, die gerade vor Ort sind

**NAME:** Jenny Barthson
**HEIMATLAND:** Kamerun
**ALTER:** 33 Jahre

**WARUM NEPAL?** Ich besuche meine Schwester, die seit drei Jahren in Kathmandu lebt. Für eine Trekkingtour bin ich zu faul. Mir sind die Sehenswürdigkeiten wichtiger, etwa die zauberhaften Tempel am Durbar Square.

**HOTEL IN KATHMANDU:** Das „Hotel Schwester" in Dumarai. Meine Schwester ist eine hervorragende Gastgeberin. Sie hat mir sogar schon nepalesische Momos (siehe auch Seite 11) gekocht. Fantastisch!

**LIEBLINGSGERICHT:** Eindeutig die Momos meiner Schwester. Nummer zwei wären die Momos im **Gaia-Restaurant** in *Thamel, Tel. 00977-1/426 16 33*.

**RESTAURANT IN KATHMANDU:** **Café Kaiser,** *Garden of Dreams* in *Thamel, Tel. 00971-1/442 53 41*

**WAS UNBEDINGT SEHEN?** Den Mount Everest. Da ich jedoch keine Lust habe, wandern zu gehen, werde ich mir diesen Riesen aus einem Flugzeug ansehen. **Agni Air** und **Buddha Air** bieten Flüge an, bei denen man sich für rund 115 € das Dach der Welt von einem bequemen Sitz aus anschauen kann. Zu buchen über fast alle Reisebüros in Kathmandu, *www.mountainflights.com*.

**WAS KANN MAN SICH SPAREN?** Den Leuten beim Spucken zuzusehen. Das ist richtig eklig und unhygienisch, aber in Kathmandu scheint jeder zu spucken – egal ob Mann oder Frau. Auch nicht unbedingt empfehlenswert: ein Spaziergang am stinkenden Bagmati-Fluss.

**WAS MACHT NEPAL BESONDERS?** Ich liebe die Architektur, besonders die der traditionellen Häuser. Bei einem Besuch der alten Königsstadt Bhaktapur, eine halbe Autostunde von Kathmandu entfernt, lässt sich am besten erleben, was ich meine.

**NAME:** Marietta Honka
**HEIMATLAND:** Deutschland, Mainz
**ALTER:** 52 Jahre

**WARUM NEPAL?** Ich bin mit meinem Mann zum sechsten Mal hier. Wir wollten in Tibet den Cho Oyu, den sechsthöchsten Berg der Welt, besteigen. Leider wurde nichts daraus, zu schlechtes Wetter. Vor zwei Jahren waren wir am Manaslu, aber da hat es wegen hoher Lawinengefahr auch nicht geklappt.

**HOTEL IN KATHMANDU:** **Shangri-La Hotel** in *Lazimpat, Tel. 00977-1/441 29 99, www.hotelshangrila.com, DZ ab 143 €*. Es hat einen wunderschönen Garten, in dem man herrlich Tee trinken kann, und ein Schwimmbad.

**LIEBLINGSGERICHT:** Ganz klassisch Dhal Bhat, ein Linsengericht.

**RESTAURANT IN KATHMANDU:** Für nepalesisches Essen kann ich **Thakali Kitchen** in *Thamel* empfehlen, *Tel. 00977-1/470 19 10*.

**WAS UNBEDINGT SEHEN?** Die Achttausender. Gigantisch.

**WAS KANN MAN SICH SPAREN?** Durch die verstaubten Straßen zu laufen.

**WAS MACHT NEPAL BESONDERS?** Die Menschen. Ich fühle mich immer sehr wohl.

→

**Der Durbar Square in Kathmandu, anziehend für Tauben und Touristen gleichermaßen**

**NAME:** Yuma Baker
**HEIMATLAND:** Kanada
**ALTER:** 13 Jahre

**WARUM NEPAL?** Eine Trekkingtour mit meinen Eltern.
**HOTEL IN KATHMANDU: Tibet Guest House** in *Chhetrapati, Tel. 00977-1/426 03 83, www.tibetguesthouse.com, DZ ab 14 €*. Es gefällt mir gut, auch wenn es nicht so sauber ist wie die Hotels zu Hause.
**LIEBLINGSGERICHT:** Momos.
**RESTAURANT IN KATHMANDU: Green Olive** in *Thamel, Tel. 00977-1/421 27 30*. Dort gibt es gutes ostasiatisches Essen, allerdings war die Bedienung sehr langsam.
**WAS UNBEDINGT SEHEN?** Wir waren am Durbar Square, dort habe ich meine ersten buddhistischen Tempel gesehen.
**WAS KANN MAN SICH SPAREN?** Mir gefällt eigentlich alles hier, ist weit weg von der Schule.
**WAS MACHT NEPAL BESONDERS?** Ich finde die Klamotten, die man in Kathmandu kaufen kann, toll. Sie sind so farbenfroh – genauso wie die Saris, die die Frauen tragen.

**NAME:** Jorge Moreno
**HEIMATLAND:** USA, Texas
**ALTER:** 28 Jahre

**WARUM NEPAL?** Der Traum vom Everest-Basislager. Es soll die erste Station unserer Reise sein, die ein Jahr dauert.
**HOTEL IN KATHMANDU: Hotel Ganesh Himal** in *Chhetrapati, Tel. 00977-1/424 38 19, www.ganeshhimal.com, DZ ab 11 €*. Es ist ein wenig teurer als die anderen Backpacker-Hotels, aber dafür haben wir unser eigenes Bad, und es ist sauber und ruhig.
**LIEBLINGSGERICHT IM LAND:** Butter Paneer Masala, eine Art Hüttenkäse, der in Zwiebel-Tomatensauce eingelegt ist. Dazu Reis oder indisches Naan-Brot.
**RESTAURANT IN KATHMANDU: Mandap Restaurant** in *Thamel, Tel. 00977-1/470 03 21, www.hotelmandap.com*
**WAS UNBEDINGT SEHEN?** Die Königsstadt Bhaktapur. Dort läuft man wenigstens nicht Gefahr, von einem Auto angefahren zu werden.
**WAS KANN MAN SICH SPAREN?** Zu viel Zeit in Thamel zu verbringen.
**WAS MACHT NEPAL BESONDERS?** Hier ein indisches Visum zu beantragen ist schon etwas Besonderes. Ich habe noch nie so viel Papierkrieg erlebt. Hat aber letztlich geklappt.

**NAME:** Jack Folen
**HEIMATLAND:** USA, Boston
**ALTER:** 66 Jahre

**WARUM NEPAL?** Es ist ein höchst interessantes Land, dessen Kultur ich kennenlernen will.
**HOTEL IN KATHMANDU: Gokarna Forest Resort,** etwas außerhalb, dafür mitten in der Natur, *Tel. 00977-1/445 12 12, www.gokarna.com, DZ ab 85 €*. Toll. Das Resort ist grün und ruhig.
**LIEBLINGSGERICHT:** Bei meinem ersten Abendessen in Nepal habe ich aus Versehen auf eine Pfefferschote gebissen – das war also gewiss nicht mein Lieblingsgericht. Sonst ist vieles lecker.
**RESTAURANT IN KATHMANDU:** Das Essen im Gokarna Resort: hervorragend!
**WAS UNBEDINGT SEHEN?** Einfach durch die Straßen schlendern und nach oben blicken! Die Fensterrahmen der Häuser allein sind die Reise wert.
**WAS KANN MAN SICH SPAREN?** Die Stadtteile, in denen zu viel gehupt wird.
**WAS MACHT NEPAL BESONDERS?** Die versteckten Sehenswürdigkeiten.

**NAME:** Orli Polack
**HEIMATLAND:** Israel, Tel Aviv
**ALTER:** 28 Jahre

**WARUM NEPAL?** Mein Freund und ich reisen durch Nepal: Trekking in Goisakund und in der Annapurna-Region. Allerdings nicht nur, uns geht es auch darum, eine andere Kultur kennenzulernen.
**HOTEL IN KATHMANDU: Holy Lodge** in *Thamel, Tel. 00977-1/470 02 65, www.holylodge.com, DZ ab 10 €*. Ein nettes Gästehaus. Allerdings sind unsere Ansprüche nach einem Monat Nepal auch nicht mehr so hoch.
**LIEBLINGSGERICHT:** Auf unseren Trekkingtouren haben wir viel Dhal Bhat gegessen. Hier in Kathmandu bevorzugen wir Indisch. Die Naan-Brote sind besonders köstlich.
**RESTAURANT IN KATHMANDU: Third Eye** in *Thamel, Tel. 00977-1/422 74 78*.
**WAS UNBEDINGT SEHEN?** Den Mount Everest von oben – aus dem Flugzeug heraus. Und das Last Resort an der tibetischen Grenze; dort kann man raften, klettern oder einfach nur entspannen. Die dreistündige Busfahrt lässt sich in Thamel buchen: **The Last Resort,** *Tel. 00977-1/470 05 25, www.thelastresort.com.np*
**WAS KANN MAN SICH SPAREN?** Zu hartes Handeln. Denn es ist sehr schwierig, die Preise zu drücken. Wenn man es allerdings gar nicht versucht, ist man ganz schnell pleite. Ein Nachlass von 20 Prozent sollte schon drin sein.
**WAS MACHT NEPAL BESONDERS?** Die religiösen Zeremonien. Wir haben an zwei buddhistischen teilgenommen. Die eine beendete eine monatelange Meditationszeit. Die andere war eine Gedenkzeremonie für eine Frau, die ein Jahr zuvor gestorben war. Faszinierend zu sehen, wie man in dieser Kultur feiert und trauert.

**NAME:** Christine Anthony
**HEIMATLAND:** Australien
**ALTER:** 66 Jahre

**WARUM NEPAL?** Um den Menschen zu helfen. Wir bringen künstliche Gelenke ins Land. Außerdem habe ich mir gerade eine viertägige Wanderung, den Royal-Trek in der Nähe von Pokhara, gegönnt.
**HOTEL IN KATHMANDU:** Wenn ich in Thamel bin, wohne ich im **Kathmandu Guest House**, *Tel. 00977-1/470 00 04, www.ktmgh.com, DZ ab 10 €*. Ansonsten komme ich bei einer nepalesischen Familie in Kupondole unter. Ich liebe das Kathmandu Guest House – es ist meine zweite Heimat.
**LIEBLINGSGERICHT:** Dhal Bhat.
**RESTAURANT IN KATHMANDU: Weizen Bakery** in *Thamel, Tel. 00977-1/426 51 30, www.weizenrestaurant.com*
**WAS UNBEDINGT SEHEN?** Eindeutig die Tempel und Klöster. Vor allem die **Stupa** in *Bouddha*, direkt an der Ring Road im Norden der Stadt, ist ein Muss.

**WAS KANN MAN SICH SPAREN?** Leitungswasser trinken, das fällt unter die Kategorie „Bloß nicht!"
**WAS MACHT NEPAL BESONDERS?** Da fragen Sie noch? Die Menschen! Die muss man kennenlernen. Man kann so viel von ihnen lernen, auch wenn Nepal ein Entwicklungsland ist. Ihre Bescheidenheit ist faszinierend.

**NAME:** Jane Vantervliet
**HEIMATLAND:** Australien
**ALTER:** 52 Jahre

**WARUM NEPAL?** Mein Mann war schon dreimal in Nepal, und dieses Mal hat er mich und unseren jüngsten Sohn mitgenommen. Everest-Basislager: eine 17-tägige Trekkingtour.
**HOTEL IN KATHMANDU:** **Radisson Hotel** in *Lazimpat, Tel. 00977-1/4411818, www.radisson.com/kathmandu-hotel-np, DZ ab 110 €*. Eine wahre Oase.
**LIEBLINGSGERICHT:** Ich mag die nepalesischen Currys sehr gern.
**RESTAURANT IN KATHMANDU:** **Kilroy's Restaurant** in *Thamel, Tel. 00977-1/4250441, www.kilroygroup.com*
**WAS UNBEDINGT SEHEN?** Die Aussichtsberge Kala Pattar und Gokyo Ri in der Everest-Region.
**WAS KANN MAN SICH SPAREN?** Nichts.
**WAS MACHT NEPAL BESONDERS?** Es ist etwas Besonderes für mich, so vielen freudestrahlenden Menschen zu begegnen.

*Die Stimmen hat* ***Billi Bierling*** *gesammelt. Für sie war Nepal Liebe auf den ersten Blick. Seit 2004 lebt die Journalistin und Bergführerin in Kathmandu und hat als erste Deutsche den Mount Everest von nepalesischer Seite aus bestiegen.*

## STARTBAHN

■ **Ian Baker: Das Herz der Welt. Eine Reise zum letzten verborgenen Ort.** *Pendo, 2006, 24,90 €.*

■ **Bruno Baumann: Der Silberpalast des Garuda. Die Entdeckung von Tibets letztem Geheimnis.** *Piper Verlag, 2008, 12,95 €.* Weiße Flecken gibt es auf Landkarten zwar keine mehr, aber einige Rätsel sind geblieben. Zwei Entdeckungsreisen ins moderne Tibet, bei denen letztlich die Suche wichtiger war als das Ergebnis.

■ **James Hilton: Der verlorene Horizont. Ein utopisches Abenteuer irgendwo in Tibet.** *Piper Verlag, 2008, 8,95 €.* Der 1933 erschienene Bestseller um das fiktive Lama-Kloster Shangri-La hat das westliche Bild von Tibet geprägt. Shangri-La als geheimes, spirituelles Paradies wurde zum Mythos – und zur Metapher für das ganze Land.

■ **Christian Kracht, Eckhart Nickel: Gebrauchsanweisung für Kathmandu und Nepal.** *Piper Verlag, 2009, 12,95 €.* Wer Kracht liest, muss Kracht mögen. Wer Kracht mag, sollte sich dieses Buch kaufen – und wird sich über eine kurzweilige Sammlung von Anekdoten freuen. Wer mehr über das Land Nepal statt über die Befindlichkeiten der beiden Verfasser wissen will, sollte sich lieber einen Reiseführer zulegen.

■ **Otto C. Honegger, Frank Senn: Sherpas am Everest. Die Geschichte der wahren Helden.** *AS Verlag 2009, 49,80 €.* „Max ox", maximale Sauerstoffversorgung, können westliche Besucher für ihre Everest-Besteigung buchen – zwei Flaschenträger pro Mann. Frank Senn und Otto C. Honegger haben die ungleiche Beziehung zwischen Bergsteigern und Sherpas einmal von der anderen Seite beleuchtet und die Lastenträger auch selbst zur Kamera greifen lassen (der Film „Sherpas. Die wahren Helden am Everest" liegt der Ausgabe **GEO Special Himalaya mit DVD** bei, *15,90 €*). Auch als Buch ein eindrucksvoller Einblick in das Leben derer, die sonst meist nur im Hintergrund wirken.

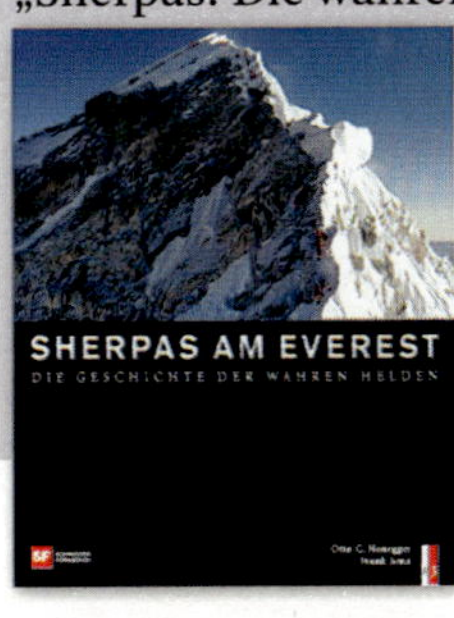

■ **Jon Krakauer: In eisige Höhen. Das Drama am Mount Everest.** *Piper Verlag, 2009, 9,95 €.* Eigentlich nahm der Journalist Jon Krakauer nur an einer Everest-Expedition teil, um über die Kommerzialisierung des Berges zu schreiben. Herausgekommen ist die minutiöse Schilderung einer Todestour. Spannend, dramatisch, ein Klassiker der Bergsteigerliteratur.

■ **Priscille Geiser, Mireille Loirat: Leela! Prophétie & Patatras.** *Vajra Publications, 2009, etwa 8 €.* Ein Muss für jeden, der den „Kleinen Prinzen" mag: Die Geschichte um die kleine Nepalesin Leela ist ein bezaubernd illustriertes, verträumtes Kinderbuch für Erwachsene. Unbedingt als Souvenir aus dem Nepal-Urlaub mitbringen! Erhältlich im **Vajra Book Shop**, *Jyatha, Thamel, Kathmandu* oder unter *www.vajrabookshop.com*.

■ **Lonely Planet Tibet.** *Lonely Planet 2008, 16,95 €.* Ein mit spürbarer Begeisterung fürs Land geschriebener Reiseführer. Sehr informativ; auch die abgelegensten Tempel sind angegeben.

■ **Lonely Planet Nepal.** *Lonely Planet, 2009, 15,95 €.* Solider, hilfreicher Guide mit vielen Informationen und praktischen Tipps zu Unterkunft, Essen, Tickets.

■ **Hergé: Tim in Tibet.** *Carlsen Verlag, 2000, 9 €.* Zeichner Hergé litt während der Arbeit an diesem Band unter psychischen Problemen. Anders als in seinen sonstigen Comics zeigt sich Tim verletzlich. Liegt's an der sanften Anmut der Berge? Eine ganz besondere „Tim und Struppi"-Ausgabe.

→

# DIE GEO-SPECIAL-TOUREN

Die Himalaya-Region ist eine Hochburg für Trekkingfans, Anfänger wie Profis. Wir stellen fünf der schönsten Routen vor: für jeden Geschmack und jede Kondition

Viel bestaunt, aber bislang offiziell unbestiegen: der Berg Kailash

## KAILASH

**SCHWIERIGKEITSGRAD:** ★
**ROUTE:** von Simikot zum Manasarovar-See und Mount Kailash
**REISEDAUER:** 25 Tage, davon 9 Tage Trekking
**GEHZEITEN:** bis zu 8 Std./Tag
**HÖHENMETER:** bis zu 1000 m/Tag
**MAXIMALE HÖHE:** 5630 m
**JAHRESZEIT:** September/Oktober
**VERANSTALTER: Amical,** *Tel. 07223/91 17 86, www.amical.de;* **Diamir Erlebnisreisen,** *Tel. 0351/31 20 77, www.diamir.de*

Dies ist eine langsame Reise. Eine Reise von außen nach innen, vom Rand zum Mittelpunkt. Über mehrere Tage hinweg, bis heran an den heiligsten Gipfel des Himalaya, den 6714 Meter hohen Kailash in der Gangdisê-Gebirgskette in Tibet. In seinem Umkreis entspringen vier der längsten Flüsse Asiens: der Indus im Norden, der Yarlung Tsangpo im Osten, der Karnali im Süden, der Sutlej im Westen. Nicht zuletzt deshalb ist die formvollendete Pyramide für vier Religionen (Bön, Buddhismus, Hinduismus, Jainismus) der Nabel der Welt. Ihre Umrundung, die Kora, gilt als besondere Pilgerfahrt. Bevor sich Besucher aus dem Westen der inneren Erleuchtung widmen können, müssen sie erst einmal an den Fuß des Berges kommen. Das ist offiziell nur in organisierten Gruppen möglich. Weit lohnender als die Anreise von Kathmandu ist eine Wanderung, die im äußersten Nordwesten Nepals beginnt: im menschenleeren, unzugänglichen Distrikt Humla. Dieser ist nur mit dem Flugzeug erreichbar – oder per 15-tägigem Fußmarsch. Von Simikot folgt man sechs Tage einer der wenigen Salzhandelsrouten zwischen Tibet und Indien, auf denen bis heute Karawanen unterwegs sind. Ziel ist die Stadt Taklakot in Tibet – von Chinesen wird sie Purang genannt. Erst seit 1993 ist es Trekkinggruppen erlaubt, die Grenze auf diesem Weg zu überschreiten. Von Taklakot erreicht man mit dem Jeep den Manasarovar-See, der in der hinduistischen und buddhistischen Kosmologie als weibliches Pendant zum göttlichen Kailash gilt. Hindus nehmen dort ein Bad, um sich von ihren Sünden zu reinigen. Buddhisten begnügen sich mit ein paar Schlucken des kalten Gletscherwassers. Nach einem Stopp am See beginnt die Umrundung des Kailash, die über den 5630 Meter hohen Dölma-La-Pass führt. Für die 53 Kilometer lange Strecke benötigt man drei Tage. Anders die Gläubigen, die die Strecke durch ständiges Aufstehen und Niederwerfen mit ihrem Körper ausmessen. Sie sind zwei bis drei Wochen unterwegs.

### BEWERTUNG

★ = leicht. Das Trekking führt in größere Höhe, verläuft aber über gut ausgetretene Wege. Die Tagesetappen sind zwar lang, aber in ruhigem Tempo zu bewältigen. Für Bergwanderer, die im Himalaya einsteigen wollen.
★★ = mittel. Bei diesem Trekking sind viele Höhenmeter im Auf- und Abstieg zu überwinden. Die Tagesetappen sind anstrengend, die Höhe ist deutlich zu spüren. Für Bergwanderer, die hohe Belastungen über einen langen Zeitraum aushalten.
★★★ = schwierig. Eine Tour, die Trekking und leichtes Bergsteigen verbindet. Um die Schwierigkeiten zu bewältigen, muss man über Trittsicherheit und sehr gute Ausdauer verfügen. Für Bergsteiger, die erstmals in großer Höhe unterwegs sind.

## NEPAL UPPER MUSTANG

**SCHWIERIGKEITSGRAD:** ★
**ROUTE:** von Jomsom ins Königreich Mustang
**REISEDAUER:** 20 Tage, davon 13 Tage Trekking →

**GEHZEITEN:** bis zu 7 Std./Tag
**HÖHENMETER:** bis zu 1150 m/Tag
**MAXIMALE HÖHE:** 4240 m
**JAHRESZEIT:** März–Mai, September–November
**VERANSTALTER:** **Hauser Exkursionen**, *Tel. 089/235 00 60, www.hauser-exkursionen.de*; **Globotrek**, *Tel. 0041/31-313 00 10, www.globotrek.ch*

Bevor Sie den Kontrollposten in Kagbeni passieren, also noch ehe das eigentliche Trekking startet, sollten Sie auf das flache Dach des Klosterturms steigen. Die Sicht ist überwältigend. Breit und eben liegt das Tal des Mustang Khola vor den Toren der Festung (*kag*) am Zusammenfluss zweier Ströme (*beni*). Steil schwingen sich die Hänge an den Rändern auf. Karg, steinig und unzugänglich, umrahmen sie eine der abgeschiedensten Regionen des Himalaya: das Königreich Mustang. Bis 1992 war diese Region von der Außenwelt abgeschnitten, westlichen Besuchern der Zugang verboten. Während die Mustangi bis Indien und Hongkong reisten, um ihre Waren zu verkaufen, kamen, bis auf einzelne Abenteurer, keine Fremden in ihre Region. Heute wird die Einreise zum Schutz der natürlichen Vielfalt und der kulturellen Traditionen reglementiert. Jährlich dürfen lediglich 1000 Trekker in organisierten Gruppen durch Upper Mustang ziehen. Die Erlaubnis für eine zehntägige Rundtour kostet 500 Euro, jeder weitere Tag 50 Euro. Davon lohnt sich jeder einzelne. Dem Lauf des Mustang Khola folgend, führt die Wanderung in vier Tagesetappen bis Lo Manthang. Das kulturelle Zentrum Upper Mustangs wurde um 1400 von Ame Pal, dem ersten König von Lo, erbaut. Einzigartig in Nepal: Die engen, rechtwinklig angelegten Gassen der Stadt sind von einer hohen Mauer umgeben. Auf den flachen Dächern ihrer Häuser haben die Menschen Holz zum Trocknen geschichtet: ein Zeichen des Wohlstands. Je mehr Holz auf der Hütte, desto reicher die Familie. Der Rückmarsch von Lo Manthang führt über Pässe um die 4000-Meter-Marke. Mit etwas Glück lassen sich auf dem Weg über Muktinath bis Jomsom Blauschafe beobachten. Nicht zuletzt aufgrund des restriktiven Besuchermanagements konnte sich das viel gejagte, ziegenartige Bharal nach Upper Mustang zurückziehen.

## INS KANCHENJUNGA-BASISLAGER

**SCHWIERIGKEITSGRAD:** ★★
**ROUTE:** von Taplejung an den Fuß eines Achttausenders
**REISEDAUER:** 26 Tage, davon 20 Tage Trekking
**GEHZEITEN:** bis zu 8 Std./Tag
**HÖHENMETER:** bis zu 1250 m/Tag
**MAXIMALE HÖHE:** 5050 m
**JAHRESZEIT:** April/Mai, Oktober/November

Ewiger Dritter: Nur K2 und Everst überragen den Kanchenjunga

**VERANSTALTER:** **Diamir Erlebnisreisen**, *Tel. 0351/31 20 77, www.diamir.de*; **DAV Summit Club**, *Tel. 089/64 24 00, www.dav-summit-club.de*

Nachdem der Brite Peter Boardman mit zwei Gefährten 1979 die Nordflanke des Kanchenjunga (8586 m) erstbegangen hatte, schrieb er: „Ich hatte immer gedacht, dass Berge einfach nur da seien. Den Glauben der Einheimischen, die in Bergen mythische Figuren sahen, hatte ich als Aberglaube abgetan. Am Kanchenjunga änderte sich das. Dieser Berg schien uns nicht haben zu wollen. Nur in den Momenten, in denen wir ihm mit Selbstvertrauen, Respekt und Vorsicht begegneten, ließ er uns aufsteigen – und belohnte uns für unsere Mühen." Sie müssen die „Fünf Schätze des ewigen Schnees", so der tibetische Name des dritthöchsten Berges der Erde, nicht besteigen, um ähnlich zu empfinden. Das Trekking an den Fuß des Kanchenjunga, der als

östlichster Achttausender im Dreiländereck von Nepal, Tibet und dem indischen Sikkim liegt, ist eines der längsten und abwechslungsreichsten im Himalaya. In ständigem Auf und Ab folgt es den Flüssen Tamur und Ghunsa Khola, führt durch Eichen-, Bambus- und blühende Rhododendronwälder, passiert Getreide- und Kartoffelfelder, kreuzt Yakweiden und berührt den Kanchenjunga-Gletscher, bevor man Pang Pema auf 5050 Meter Höhe erreicht. Es gibt nicht viele Orte im Himalaya, die ähnlich eindrucksvoll gelegen sind wie diese kleine Wiese am Fuße einer 3500 Meter hohen, von riesigen Spalten und Abbrüchen zerfurchten Wand. Wer sich hier an einen der verstreut liegenden Granitblöcke lehnt, den Blick hinauf gerichtet in eine senkrechte Wüste aus Eis und Fels, wird überwältigt sein von den Dimensionen dieses Berges – und vergessen, dass ihm 250 Kilometer Fußmarsch und insgesamt 14 000 Höhenmeter in den Knochen stecken. Und dass der Rückweg nach Taplejung ähnlich anstrengend sein wird.

**Steine-Reich: Kloster-Ruine im einst von Königen regierten Ladakh**

## MARKHA-TAL-TOUR

**SCHWIERIGKEITSGRAD:** ★★
**ROUTE:** von Spituk bei Leh durch das Markha-Tal nach Sumdo
**REISEDAUER:** 18 Tage, davon 8 Tage Trekking
**GEHZEITEN:** bis zu 8 Std./Tag
**HÖHENMETER:** bis zu 1000 m/Tag
**MAXIMALE HÖHE:** 5150 m
**JAHRESZEIT:** Juli–September
**VERANSTALTER:** **Natkul Himalaya Tours,** *Tel. 07823/96 12 94, www.natkul.de;* **Adventure Geo Treks,** *Tel. 0371/240 95 22, www.geotreks.de*

Auf der gut einwöchigen Tour durch das Markha-Tal ist man selten allein. In Sicherheit sollte man sich dennoch nicht wiegen: Das Hochtal kann bei Regen zur tückischen Falle werden für alle. „Dann schwellen die Flüsse so stark an, dass Wanderer weder vor noch zurück kommen", sagt Ralf Griesbaum von Natkul Himalaya Tours. Der 46-jährige Ethnologe, der Trekkingtouren und Kulturprogramm verbindet, ist einer der besten Kenner des indischen Himalaya. Und er ist der Meinung, dass das Markha-Tal trotz des Risikos einen Besuch lohnt. „Vor dem Aufbruch muss man eben →

genaue Wetterprognosen einholen." Scheint die Sonne, wandert man durch eine der vielfältigsten Landschaften Ladakhs: Das Markha-Tal verengt sich stellenweise zur fünf Meter breiten Schlucht, um sich kurz darauf zum ebenen Trogtal zu weiten. Unter messerscharf erodierten Felsgraten breiten sich grüne Oasen aus. Von einer langen Siedlungsgeschichte zeugt die Burgruine oberhalb von Hankar. Der ehemalige Trutzbau war sowohl buddhistisches Kloster als auch Verteidigungsbollwerk. Höhepunkt der Trekkingtour ist der sechste Tag. Dann erreicht man nach anstrengendem Aufstieg die flachen Hochweiden von Nimaling, auf denen im Sommer Schafe, Ziegen, Yaks und Pferde grasen. Hier sollte man mit Blick auf den 6400 Meter hohen Eisdom des Kang Yatze tief durchatmen, bevor am folgenden Tag die Luft dünn wird. Der Kongmaru-La-Pass liegt immerhin auf einer Höhe von 5150 Metern.

## MANASLU-RUNDE

**SCHWIERIGKEITSGRAD:** ★★★
**ROUTE:** von Arughat Bazar über den Larkya-La-Pass nach Bhulbhule
**REISEDAUER:** 24 Tage, davon 18 Tage Trekking
**GEHZEITEN:** bis zu 8 Std./Tag
**HÖHENMETER:** bis zu 1335 m/Tag
**MAXIMALE HÖHE:** 6065 m
**JAHRESZEIT:** April/Mai, Oktober/November
**VERANSTALTER: Amical,** *Tel. 07223/911786, www.amical.de;* **Bergspechte,** *Tel. 0043-732/ 779 3110, www.bergspechte.at*

Der Manaslu ist der neue Annapurna. Nicht was seine Höhe (8163 m) oder seine Lage (östlich des Annapurna) angeht. Aber was seine Umrundung betrifft, die aufgrund ihrer Schönheit und ihrer landschaftlichen Vielfalt den klassischen Annapurna Circuit bald in seiner Beliebtheit einholen wird. Wer lieber im Zelt als in Touristenlodges übernachtet, wer unberührte Natur schätzt und keine Lust auf Gänsemarsch hat, der sollte bald in das Dorf Arughat Bazar aufbrechen. Auf nur 570 Meter Höhe beginnt der knapp dreiwöchige Rundmarsch, der für Geübte gut fünf Kilometer höher kulminiert. Die Besteigung des Larkya North Peak (6065 m) muss aber nicht sein. Man kann die Manaslu-Umrundung auch ohne Gipfelblick genießen: den schmalen Pfad entlang des schäumenden Buri Gandaki; die wuchernde Vegetation in tiefen, subtropischen Lagen; die kühlen, alpin anmutenden Nadelwälder; das Hochtal von Lho, in dem Sie dem achthöchsten Berg der Erde, dem Manaslu, wie auf einem Logenplatz gegenüberstehen. Wie viele andere Täler, die von Süd nach Nord in die Himalaya-Kette schneiden, wurde auch das Buri-Gandaki-Tal von Tibet aus besiedelt. Man merkt das spätestens im Dörfchen Deng, das auf etwa 2000 Meter Höhe liegt. Dort ist der Weg von einer massiven Mani-Mauer gesäumt: flache, weiß getünchte Steine, die zu einem anderthalb Meter hohen Wall aufeinandergetürmt sind. Verlaufen können Sie sich hier zumindest nicht.

**Aber nicht weitersagen: Die Manaslu-Runde in Nepal gilt noch immer als Geheimtipp**

*Der Annapurna Circuit (siehe Seite 28–40) war für **Tom Dauer** wenig mehr als ein Aufwärmprogramm. Der bergerfahrene Autor aus München ist oft in großer Höhe unterwegs, weil er dort Leidenschaft und Beruf miteinander verbinden kann.* →

# VIERMAL EINMALIG

Wie eine Reise in die Bergwelt garantiert unvergesslich wird

## 1. ERLEBNIS **Entspannung**

**Wie sehr entspannt der Himalaya, Nicole Dechow?**
„Oh, höchst sehr! Zum Beispiel im **Parmarth Niketan Ashram** in Rishikesh. Man nennt Rishikesh die Hauptstadt des Yoga, ich habe hier Sinnsuchende aus allen Teilen der Welt kennengelernt. Die Stadt liegt am Fuße des Gebirges, dort, wo der Ganges noch jung und sauber ist. Die Buddhisten sagen ja, dass der Berg die männliche Energie Shivas darstellt und das fließende Wasser des Flusses die weibliche Energie Shakti symbolisiert. Ich war beeindruckt von den Bergen, aber noch mehr hat mich das Wasser fasziniert. Jeden Abend nach den Yoga-Übungen sind wir hinunter zum Fluss gegangen, für Aarti, eine Lichterzeremonie. Auch sein altes Karma kann man dort bei einer Feuerzeremonie verbrennen. Beim Yoga bewegt man sich nicht nur, man beginnt auch, sich selbst zu erkennen. Mit der Zeit verwandelt man sich. Das Wertesystem ändert sich. Ich habe verstanden, dass Glück nichts ist, das man mit materiellen Dingen aufwiegen kann. Es ist das, was ungreifbar bleibt und doch immer da ist: Familie, Freunde, eine weiße Kuh, die jeden Tag vor dem Eingang stand und auf uns gewartet hat. Wir haben sie Beatrice getauft. Die vier Wochen im Aschram waren wunderbar. Ich bin jeden Tag um halb vier aufgestanden, um mich kalt zu duschen oder im Ganges zu reinigen. Von vier bis sechs Uhr haben wir Sadhana gemacht, Früh-Yoga. Anschließend gab es Porridge, den wir drinnen, auf dem Boden sitzend, gelöffelt haben – draußen hätten uns die Affen alles aus den Händen gerissen. Dann wieder bis zwölf Uhr Yoga, anschließend Lunch. Am Nachmittag ging es so weiter, bis wir zum Aarti gegangen sind. Und ab 20 oder 21 Uhr haben wir geschlafen.
Ich bin im Aschram weicher geworden, beweglicher. Allein durch die klare Luft fühlt man sich automatisch gereinigt."

**Immer mit der Ruhe: Pilger im Parmarth Niketan Ashram in Rishikesh bei der Lichterzeremonie Aarti**

### VERANSTALTER

■ **Neue Wege,** *Tel. 02255/95 91-0, www.neuewege.com*

### ASCHRAMS IN RISHIKESH

■ **Parmarth Niketan Ashram,** *Tel. 0091-135/243 43 01 oder /243 43 02, www.parmarth.com*
■ **Sri Sai Baba Ashram,** speziell auf westliche Kundschaft zugeschnittener Aschram, Informationen in Deutschland über **Claudia Wenzel,** *Tel. 0351/32 32 57 76, E-Mail: Claudia.Wenzel777su@googlemail.com; www.guruji-ashram.de*
■ **Swami Dayananda Ashram,** *Tel. 0091-135/243 07 69 oder /243 17 69, www.dayananda.org.* Aschram für Yoga und spirituelle Weiterentwicklung

***Nicole Dechow,** 29, ist Yoga- und Ayurveda-Therapeutin in Hamburg. In Rishikesh hat sie eine Ausbildung zur Kundalini-Yoga-Lehrerin gemacht.*

## 2. ERLEBNIS **Das perfekte Wochenende**

**Wie sieht das perfekte Wochenende in Kathmandu aus, Catrin Fröhlich?**
„Beginnen Sie einen Freitagabend am besten in der **Kunstgalerie im Babar Mahal Revisited** in der Bijulibazar Road, einem ruhigen, restaurierten Palast mit sieben reizvollen Hinterhöfen, in denen sich Dutzende kleiner Geschäfte verbergen. Nicht zu spät gehen, denn um Mitternacht ist Sperrstunde in der Stadt. Und Sie wollen doch ausführlich dinieren. Hervorzuheben ist das italienisch orientierte **1905**, ein neoklassizistischer Bau mit bewegter Geschichte, dessen Besuch auch zum Frühstück lohnt. Das Küchenpersonal packt Ihnen am Samstagmorgen gern ein Picknickpaket, zum Beispiel für eine Mountainbike-Tour. Samstag: Der ist hier der einzige arbeitsfreie Tag der Woche, weshalb die Wege um Nagarjun oder im **Shivapuri-Nationalpark** meist recht voll sind. Trotzdem: Beim Radeln an Reisfeldern und Wäldern entlang entdeckt man ein ursprüngliches Nepal, fernab der touristischen Trampelpfade. Ich empfehle anschließend eine Massage in einem der vielen Spas, vielleicht sogar im **Gokarna Forest Resort** direkt an der Route. Wer nach dem Sport mehr an Kulturellem interessiert ist, sollte ins **Royal Palace Museum** gehen, wo eine erstaunliche Anzahl wirklich seltsamer Geschenke zahlloser Staatsbesucher zu bestaunen ist. Vor dem folgenden Abendessen, etwa im **Baithak**: durch den wunderschönen Garten hinter dem Bildungsministerium gehen, der **Garden of Dreams** genannt wird. Hier blühen Lilien und Orchideen, in den Wasserbecken treiben Lotusblüten. So herrlich Kathmandu ist, so nötig ist es auch, sich vom heillosen Durcheinander auf seinen Straßen zu erholen! Am Sonntag dann in einen der Tempel am **Durbar Square** gehen und sich von dort Richtung Altstadt treiben lassen. Höhe Freak Street lässt es sich prima nach Stoffen, Seifen und seltsamen Obstsorten stöbern. Manchmal gebe ich bei einem der Schneider noch ein paar Kissenbezüge oder Hemden in Auftrag.

Das geht sehr schnell und kostet nicht viel. Wenn mir der Sinn nach Abenteuer steht, wage ich mich in einen der lokalen Minibusse und fahre Richtung Pashupatinath. Dass man am Ende wirklich dort, an einer der wichtigsten Tempelstätten des Hinduismus, ankommt, ist leider nicht gewiss. Die nepalesischen Minibusfahrer lieben die Improvisation. Perfekt, wenn Sie das Abenteuer lieben."

## RESTAURANTS

■ **Siddhartha Art Gallery** im **Babar Mahal Revisited,** *Bijulibazar Road, Tel. 00977-1/421 80 48, www.siddharthaart gallery.com*

■ **1905,** *Tel. 00977-1/422 52 72, www.1905restaurant.com.* Mediterranes Restaurant

■ **Baithak,** *Maithigar, Tel. 00977-1/426 73 46, www.babermahalrevisited.com.* Traditionelles Restaurant

## MOUNTAINBIKE-VERLEIH

■ **Dawn till Dusk,** *Tel. 00977-1/425 24 46, www.nepalbiking.com.* Bietet nicht nur Routentipps für Tagestouren, sondern auch achttägige Rundfahrten von Kathmandu über Nagarkot, Panchkhal und wieder zurück.

## ERHOLUNG

■ **Shivapuri National Park,** *25 km nördlich von Kathmandu, Tel. 00977-1/437 17 25, www.shivapuri.com.np*

■ **Gokarna Forest Resort,** *Tel. 00977-1/445 12 12, www.gokarna.com*

■ **Garden of Dreams,** *Tridevi Marg, Tel. 00977-1/442 53 40, www.gardenofdreams.org.np*

■ **Ka-Nying Shedrub Ling Kloster,** *Tel. 00977-1/44 70 99 33, www.shedrub.org*

■ **Wild Earth,** *Ward Nr. 3, Dhapasi Marg, Tel. 00977-1/437 41 78, www.wildearthnepal.com.* Hier gibt es lokal hergestellte Seifen und Essenzen.

## KATHMANDU MIT DEM BUS

Selbst die lokalen Behörden nennen das Bussystem „schlecht zu verstehen". Es basiert auf Improvisation und persönlichen Gusto des jeweiligen Fahrers. Am einfachsten ist es, sich mit Rikschas fortzubewegen – oder zu Fuß.

**Catrin Fröhlich,** *35, arbeitet seit mehreren Jahren als Beraterin in Kathmandu. Sie schätzt besonders die Sportmöglichkeiten in der Umgebung der Stadt.*

**Schrittweise Erholung: Wanderung im Shivapuri National Park**

→

## 3. ERLEBNIS **Schweben**

**Wie schwebt es sich im Himalaya über den Dingen, Mike Längle?**
„Oh, bestens! Als Erstes halte ich nach Geiern Ausschau. Sobald die in die Luft steigen, weiß ich, dass die Thermik stimmt. Das Verrückte ist, dass mir die Vögel folgen. Manchmal kommen sie so nah, dass ich sie fast mit der Hand berühren kann. Oder sie fangen an zu spielen und zupfen oben am Schirm. Manchmal fliegen sie auch direkt auf mich zu, die schauen ja nicht nach vorn, sondern nach unten und suchen Beute. Dann schreie ich, damit sie mich registrieren. Ich kann sie aber verstehen, auch ich blicke die ganze Zeit nach unten. Was man da sieht, ist atemraubend. Das ist, wie in einem Traum zu schweben: die Berge, dazwischen endlose Schluchten, ein paar kreisende Vögel, ab und an blühende Rhododendren wie ein purpurnes Meer. Vom Wetter her hat man im Himalaya die besten Bedingungen, fast jeden Tag kann man fliegen. Pro Tour bin ich etwa drei oder vier Wochen unterwegs, ganz ohne Dusche, dafür mit viel Equipment. Im Himalaya gibt es so viele unerforschte Dörfer und Menschen, die noch nie einen Westler gesehen haben, das sind besondere Erlebnisse. Wir sind etwa drei Stunden pro Tag in der Luft, und man weiß nie, wo man landet. Manchmal finden wir oben keinen Landeplatz und müssen weit nach unten – und dann mit Gepäck auf dem Rücken zum Start am nächsten Tag wieder 1000 Höhenmeter hinauf. Bislang ist mir nie etwas passiert. Nur einmal bin ich zu lange in über 6000 Meter Höhe geflogen, da merkte ich plötzlich, wie ich ganz euphorisch wurde – erste Anzeichen der Höhenkrankheit. Das passiert mir nicht noch einmal."

### ANBIETER VON TANDEMFLÜGEN

- **Nepal Paragliding,** *Pokhara, Nepal, Tel. 0977-98041/250 96, www.nepal-paragliding.com*
- **Himalayan Sky Safaris,** buchbar über die Piloten direkt; *E-Mail: eddiecolfox@hotmail.co.uk*
- **Everest Crest Treks and Tours,** *Tel. 00977-98450/780 33, www.everestcrest.com.* Großer nepalesischer Veranstalter in Kathmandu
- **Sunholidays India,** *Tel. 0091-011/45 50 91 23, www.sunholidays.co.in.* Indischer Veranstalter mit mehreren Geschäftsstellen

*Seit elf Jahren geht der Österreicher* ***Mike Längle****, 33, regelmäßig in die Luft, und zwar meist in Asien. Eine Wohnung hat er schon lange nicht mehr, dafür ein Wohnmobil, in dem er lebt, wenn er in Österreich als Tandemlehrer Geld für die nächste Tour zusammenträgt.*

**Mal wieder ziemlich abgehoben: Gleitschirmflieger Mike Längle an seinem Lieblingsplatz mit Blick auf ein Gipfelmeer**

→

**Über Stock und Stein, und durch Wasser dazu: Biking in Tibet**

## 4. Erlebnis **Mountainbiking**

**Wie fahre ich mit dem Mountainbike durch den Himalaya, Karlheinz Reichert?**
„Wenn mich jemand fragt, was er tun muss, um sich für eine Tour hier vorzubereiten, sage ich, er soll in den neun Monaten davor mindestens 5000 Kilometer in den Beinen haben. Das ist das Minimum. Ich selbst fahre von Januar bis September ungefähr 12 000 Kilometer. Vielleicht hatte ich deswegen nie Probleme mit der Höhe. Unsere Tour von Lhasa nach Kathmandu ging bis ins Basislager des Mount Everest. Da waren unter den elf Teilnehmern ein, zwei dabei, die sich nicht ausreichend vorbereitet hatten; das rächt sich sofort. Der Gegenwind ist brutal, dazu die Kälte in der Nacht. Man muss ja oft austreten, um sich zu erleichtern, denn auf der Höhe treibt der Körper alle Flüssigkeit hinaus.
Die Strecke ist auch nicht einfach. Manchmal sind die Kieselsteine groß wie Hühnereier. Und wenn dann noch eine Schneeschicht darüberliegt, muss man sein Rad schon sehr gut im Griff haben. Einmal fuhren wir über einen Weg, auf dem fünf Zentimeter feinster Staub lagen. Immer, wenn ein Auto kam, mussten wir anhalten und blitzschnell Tücher vor das Gesicht halten, denn man konnte weder atmen, noch hat man gesehen.
Natürlich sind Touren im Himalaya landschaftlich karg, aber ich würde es immer wieder tun. Auch weil der Sternenhimmel hier so überwältigend ist, denn über uns fehlen ja vier Kilometer Dreckluft im Vergleich zur Heimat. Außerdem: In dieser betäubenden Stille zu fahren, das ist definitiv etwas Besonderes. Abends, beim Essen, fühlt man sich meist vollkommen glücklich. Fast immer gibt es vorab eine Knoblauchsuppe, um das Blut zu verdünnen. Gut zu essen ist wichtig. Zahlreiche Pässe liegen über 5000 Meter. Als Nächstes umrunde ich den Annapurna, da fahre ich über Manang und Pisang bis auf den Thorong-La. Meine Frau sagt immer nur: ‚Ja, ja, mach nur.' Sie kennt mich nicht anders."

### VERANSTALTER

■ **Bergspechte,** *Tel. 0043-732/77 93 11-0, www.bergspechte.at*
■ **DAV Summit Club,** *Tel. 089/642 40-0, www.dav-summit-club.de*

***Karlheinz Reichert,** 56, lief früher erfolgreich Langstrecke, bevor er ganz auf das Rad umstieg. Seitdem bereist der Redakteur der „Sindelfinger Zeitung" auch ferne Länder nur noch auf zwei Rädern.* ■

# Reiseveranstalter

Takla Makan
K2
8611 m
Broad Peak 8047 m
Gasherbrum
8068 m
Nanga Parbat
8125 m
Markha-Tal-Tour
Seite 133
Kargil
Ladakh
Leh
Srinagar
Zanskar
Jammu und Kaschmir
Indus
Ein Buddha in Einarbeitung
Seite 42
Tso Morari
Jammu
PAKISTAN
Pathankot
Dharamsala
Kullu (Sultanpur)
Lahore
CHINA
Tibet
Qinghai-Tibet-
Shiquanhe
Gangdisê Shan
Kailash
Seite 130
Kailash
6714 m
Darchen
Nepal Upper Mustang
Seite 130
Chandigarh
Bandrinath
7139 m
Die Straße
Seite 28
Purang
Manasarovar-See
Samsang
Nanda Devi
7822 m
Simikot
Yarlung Tsangpo
Tsongpa
Rishikesh
Saipal
7050 m
Manaslu-Runde
Seite 134
Einen Moment, bitte!
Seite 86
Jumla
Lo Manthang
Karnali
Mahendranagar
Annapurna
8091 m
Dhaulagiri
8172 m
Delhi
NEPAL
Beni
Manaslu
8163 m
Pokhara
Kathmandu
Bhaktapur
Yamuna
Agra
Ganges
Lucknow
Birganj
INDIEN
Varanasi
Jumla unter 10 000 Einwohner
Thimphu 10 000 bis 50 000 Einw.
Shigatse 50 000 bis 100 000 Einw.
Darjeeling 100 000 bis 500 000 Einw.
Guwahati über 500 000 Einw.
Fernverkehrsstraße
sonstige Straße
Bahn
Kloster
GEO-Special-Tour
Staatsgrenze
Waffenstillstandslinie
umstrittene Grenze
0 50 100 km

Tadschikistan
Afghanistan
Xinjiang
CHINA
Qinghai
Sichuan
Jammu und Kaschmir
PAKISTAN
Tibet
Lhasa
Himachal Pradesh
Punjab
Uttaranchal
Haryana
Delhi
NEPAL
Kathmandu
Sikkim
BHUTAN
Thimphu
Arunachal Pradesh
Assam
Nagaland
West Bengal
Meghalaya
Manipur
Uttar Pradesh
Rajasthan
INDIEN
Bihar
BANGLA-DESCH
MYANMAR (BURMA)
Hochebene
Naqu
Das Sterne-Camp
Seite 62
Die Tibet-Bewegung
Seite 48
Gangdisê Shan
Drepung
Tsurphu
Lhasa
Samye
Tsetang
Namche Barwa 7782 m
Lhatse Dzong
Shigatse
Gyantse
Yamdrok Yum Tso
Nang Xian
Sakya
Ins Kanchenjunga-Basislager
Seite 132
Fürchten Sie Gespenster?
Seite 112
Cho Oyu 8202 m
Mount Everest 8848 m
Lhotse 8516 m
Makalu 8481 m
Kankar Punsum 7541 m
»Tigernest«
Punakha
Kanchenjunga 8586 m
Lukla
Taplejung
Gangtok
Thimphu
Tashigang
Dibrugarh
Darjeeling
BHUTAN
Brahmaputra
Betreff: Ich in Bhutan
Seite 104
Guwahati
Forschung an der Weltspitze
Seite 82
Kohima
Chindwin
Der Mann, der es mir leicht macht
Seite 96
INDIEN
MYANMAR
BANGLADESCH
GEO-Grafik

### Internet und Podcasts

Ein großes Lob, nicht nur für die GEO Specials, sondern auch für Ihren tollen Internetauftritt zuzüglich der Podcasts unter *www.geo.de/_components/GEO/reisen/reise-podcast*. Ihre Hefte sind gut recherchiert und machen Lust, die vorgestellten Reiseziele selbst zu entdecken.

— SUSANNE BAMBERG

### GEO Special Paris (04/10)

Vergangene Woche habe ich am Bahnhof in Bremen das GEO Special Paris mit DVD erworben. Ein tolles Heft!

— BRITT MEIER

### GEO Special Schottland (03/10)

Herzlichen Dank für die schönen Beiträge über Schottland im GEO Special. Es gab einiges Neues zu lernen über unser absolutes Lieblingsland!

— JULIA & CHRISTIAN ARENDT

### GEO Special Ruhrgebiet (06/09)

„Wo soll es diesmal in den Ferien hingehen?", fragte sich Familie Wojtyschak aus Sachsen. Gewünscht war etwas anderes als Sonne, Strand und Meer. Eine Kombination aus Kultur und Erholung. Dabei sollten das viermonatige Zwillingspärchen Frida-Rike und Rokke-Willy sowie die achtjährige Schwester Amely nicht zu kurz kommen. Kataloge und Zeitschriften wurden gewälzt, aber erst nach Durchstöbern des GEO Special Ruhrgebiet stand der Entschluss fest: „Wir reisen in die Kulturhauptstadt Europas." Freunde der Familie konnten es kaum glauben. Urlaub im Ruhrpott? Unmöglich! Doch die Wojtyschaks ließen sich nicht beirren. Sie buchten eine Ferienwohnung in Dortmund – mit Familienanschluss, wie sie merken sollten. Denn die Gastgeber hatten ihre Enkelkinder zu Besuch. Und die freuten sich über neue Spielkameraden im Swimmingpool und auf dem Riesentrampolin. Eine nette Begegnung, die ohne GEO Special nicht zustande gekommen wäre.

— CHRISTEL BRANDT


**GEO Special**

Gruner + Jahr AG & Co KG, Druck- und Verlagshaus,
Am Baumwall 11, 20459 Hamburg.
**Postanschrift für Verlag und Redaktion:**
Brieffach 24, 20444 Hamburg,
Telefon 040/37 03-0, Fax 040/37 03 56 48.
E-Mail: briefe@geo.de
Internet: www.GEO.de

**CHEFREDAKTEUR:** Peter-Matthias Gaede
**GESCHÄFTSFÜHRENDE REDAKTEURE:**
Meike Kirsch (Redaktionsleitung),
Ruth Eichhorn (Fotografie), Jutta Krüger (Art Direction)
**ART DIRECTION:** Beate Meding
**CHEFS VOM DIENST:** Antje Wischow; Rainer Droste (Technik)
**TEXTREDAKTION:** Markus Wolff (Heftkonzept);
Kirsten Bertrand, Ariel Hauptmeier
**BILDREDAKTION:** Markus Seewald; Anja Jöckel;
Maria Irl, Sabine Stein (freie Mitarbeit)
**VERIFIKATION:** Tobias Hamelmann (freie Mitarbeit),
Andrea-Rebecca Flörke
**KARTOGRAPHIE:** Stefanie Peters, Thomas Wachter
**SCHLUSSREDAKTION:** Antje Wischow
**SEKRETARIAT:** Maren Heidorn, Elke Rehländer-Stöhr, Hella Strepp
**BILDSEKRETARIAT:** Doris Paulini
**HONORARE/SPESEN:** Angelika Györffy
**BILDADMINISTRATION UND -TECHNIK:** Stefan Bruhn
**MITARBEITER DIESER AUSGABE:** Dr. Susmita Arp, Jörg-Uwe Albig, Billi Bierling, Georg Burchardi, Carina Braun, Tom Dauer, Susanne Frömel, Florian Hanig, Christian Heinrich, Andreas Hilmer, Sebastian Kretz, Barbara Lich, Dora Reale (Layout), Katja Trippel
**VERANTWORTLICH FÜR DEN REDAKTIONELLEN INHALT:**
Peter-Matthias Gaede

**REDAKTIONSBÜRO NEW YORK:** 535 Fifth Avenue, 29th floor,
New York, NY 10017

**VERLAGSLEITUNG:** Dr. Gerd Brüne, Thomas Lindner
**ANZEIGENLEITUNG:** Martina Hoss
**GESAMTANZEIGENLEITUNG:** Helma Spieker
**VERTRIEBSLEITUNG:** Ulrike Klemmer/
DPV Deutscher Pressevertrieb
**MARKETING:** Antje Schlünder (Ltg.), Patricia Korrell
**HERSTELLUNG:** Oliver Fehling

**ANZEIGENABTEILUNG**
Anzeigenverkauf: Jens Tietjen-Urban, Tel. 040/37 03 33 24,
Fax 040/37 03-17 33 24
Anzeigendisposition: Anja Mordhorst, Tel. 040/37 03 23 38,
Fax 040/37 03 58 87
Es gilt die Anzeigenpreisliste Nr. 37 vom 1. Januar 2010
Bankverbindung: Deutsche Bank AG Hamburg,
Konto 0322800, BLZ 200 700 00
Druck: Prinovis Itzehoe GmbH

GEO ist auf Papier gedruckt, das aus einem Drittel – ausschließlich chlorfrei gebleichtem – Zellstoff, aus einem Drittel Durchforstungsholz und einem Drittel Altpapier hergestellt ist. Printed in Germany

GEO Special (USPS no 0014523) is published bi-monthly by GRUNER + JAHR AG & CO. Subscription price for USA is $ 60 per annum. K.O.P.: German Language Pub., 153 S Dean St, Englewood NJ 07631. Periodicals postage is paid at Englewood NJ 07631 and additional mailing offices.
Postmaster: Send address changes to: GEO Special, GLP, PO Box 9868, Englewood NJ 07631.


**GEO-SPECIAL-LESERSERVICE**

**Fragen an die Redaktion**

Telefon 040/37 03 20 73, Fax 040/37 03 56 48,
E-Mail: briefe@geo.de

**ABONNEMENT- UND EINZELHEFTBESTELLUNG**

**Kundenservice und Bestellung**

- Anschrift: GEO-Kundenservice, 20080 Hamburg
E-Mail: geospecial-service@guj.de
- Kundenservice allgemein (persönlich erreichbar):
Mo bis Fr 7.30 bis 20.00 Uhr, Sa 9.00 bis 14.00 Uhr
Telefon (innerhalb Deutschland): 01805/861 80 00*,
Telefon (außerhalb Deutschland): 0049/1805-861 00 00,
Fax: 0049/1805-861 80 02
24-Std.-Online-Kundenservice: www.meinabo.de/service

**Preise Jahresabonnement**

Deutschland: 41,70 €
Österreich: 48,60 €
Schweiz: 81,60 sfr

**BESTELLUNG VON GEO-PRODUKTEN (KALENDER, SCHUBER ETC.)**

- Anschrift: GEO-Versand-Service,
Werner-Haas-Straße 5, 74172 Neckarsulm
E-Mail: service@guj.com
- Telefon: 0049-(0)1805/06 20 00
Fax: 0049-(0)1805/0820 00


ISBN 978-3-570-19923-7
ISBN 978-3-652-00046-8 (Heft mit DVD) ISSN 0723-5194


*14 Cent/Min. aus dem deutschen Festnetz, max. 42 Cent/Min. aus dem deutschen Mobilfunk

**Fotovermerke nach Seiten.** *Anordnung im Layout: l. = links, r.= rechts, o. = oben, m. = Mitte, u. = unten*

**TITEL:** Scott A. Woodward

**EDITORIAL:** Markus Wolff: o.; Matthieu Paley: u.

**SEITE 4:** Jozef Kubica/Favorite Picture: l. o.; Iorio Gianni/SIME/Schapowalow: r. o.; Joseph Boris/LightMediation: r. u.; Matthieu Paley: l. u.

**SEITE 5:** Jamie McGuinness/Project Himalaya: o.; Vector-Images: r. m. o.; G. M. B. Akash: r. m.; Universal Music, China: r. m. u.; Matthieu Paley: u.

**KOMPASS:** Christoph Hormann: 6/7; GEO: 10 o.; Taikkun Yang Li: 10 u.; Foto: Matthias Haupt, „essen&trinken Für jeden Tag", Food: Achim Ellmer: 11; Alex Treadway: 12; Illustration: Ole Häntzschel: 8/9

**DIE WELT DORT OBEN:** Iorio Gianni/SIME/Schapowalow: 14/15; Scott A. Woodward: 16/17; Anthon Jackson: 18/19; Peter Adams/JAI/Corbis: 20/21; John Birchard: 22/23; Rusconi Benedetta/SIME/Schapowalow: 24/25; Timothy Allen/Axiom Photographic/mauritius images: 26/27

**DIE STRASSE:** Matthieu Paley: 28–39

**EIN BUDDHA IN EINARBEITUNG:** G. M. B. Akash: 42–47

**DIE TIBET-BEWEGUNG:** Joseph Boris/LightMediation: 48–60

**DAS STERNE-CAMP:** Alex Treadway: 62–71, 78–81; Jozef Kubica/Favorite Picture: 72 und 77; Jamie McGuinness/Project Himalaya: 73–76

**FORSCHUNG AN DER WELTSPITZE:** Courtesy of Ev-K2-CNR Committee: 82–85; Rodrigo M. Nunes: 82 u.; Christian Heinrich: 85 u.

**EINEN MOMENT, BITTE!:** Alex Treadway: 86–95

**DER MANN, DER ES MIR LEICHT MACHT:** GEO, mit freundlicher Unterstützung des Pasang Lhamu-Nicole Niquille Hospital: 96

**WAFFENBRÜDER:** Popperfoto/Getty Images: 98; „Buddha's Warriors" mit freundlicher Genehmigung von Mikel Dunham: 99–101; „Time" Inc.: 102

**BETREFF: ICH IN BHUTAN:** Dan Bannister/AWL Images: 104; Andreas Hub/laif: 105; GEO, mit freundlicher Genehmigung von Georg Burchardi: 106 o., 107 r., 108 l., 110 u.; Christophe Boisvieux/Bilderberg/La Photothèque/Avenue Images: 106 u.; Daniel Heuclin/BIOS/OKAPIA: 107 l.; Scott A. Woodward: 108/109; Lynsey Addario/VII Network: 110 o.; Georg Burchardi: 111

**FÜRCHTEN SIE GESPENSTER?:** Vector-Images: 112

**DOSSIER:** Douglas E. Curran/AFP/Getty Images: 115; Alyssa Banta/Getty Images: 116 o.; dpa – Report: 116 u.; Dean Pictures/Polaris: 117 o.; Javed Dar/Xinhua Press/Corbis: 117 u.; Kristoffer Erickson: 118 l.; Jack Coble/Gallery Stock: 118 m.; Eric Valli: 118 r.; Stefan Auth/imagebroker/Interfoto: 119 o.; Stefan Trappe/Caro Fotoagentur: 119 u.; Xinhua News Agency/eyevine: 120; Christian Kober/Robert Harding/mauritius images: 121 l.; Subel Bhandari/AFP/Getty Images: 121 m.; Henk Thoma: 121 r.; Universal Music, China: 122 o.; Phil Walter/Getty Images: 122 r.; Right Livelihood Foundation: 122 u.; Xinhua/action press: 123 l.; Xinhua/imago: 123 r. o.; Gopal Chitrakar/Reuters: 123 u.

**SERVICE:** Richard Bull: 127 l. o. und r. o., 128, 129 l.; hemis/laif: 127 u.; Pendo Verlag: 129 l .o.; Piper Verlag: 129 r. o.; GEO: 129 r. m. o.; Lonely Planet Publications: 129 m. u.; AS Verlag: 129 l. u.; Carlsen Verlag: 129 r. u.; Alamy/mauritius images: 130, 134, 137; AGE/mauritius images: 132; BSIP/Gounot/dpa/picture-alliance: 133; Frédéric Soltan/Corbis: 136; Himalayan Odyssey: 138; Karlheinz Reichert: 140

**VORSCHAU:** Johanna Huber/Bildagentur Huber: 145 l. o.; Alamy/mauritius images: 145 l. u.; Anastasia Taylor-Lind: 145 r.

**INTERVIEW:** Tom Van Cakenberghe: 146

**KARTEN:** Stefanie Peters: 14–27, 40, 60, 85, 130–134; Thomas Wachter/NASA: 81; Rainer Droste, Christian Kuhlmann, Stefanie Peters: 142/143

# SYRIEN & JORDANIEN

**PETRA:** Die rosarote Stadt, die zugleich neues Weltwunder und uraltes Rätsel ist. **WÜSTE SCHÖNHEIT:** Wadi Rum im Jeep, per Kamel oder mit dem Heißluftballon. **JORDANIENS JUGEND:** Techno und Tradition – eine Generation auf der Suche nach ihrer Identität. **LIEBE IN UNRUHIGEN ZEITEN:** Die Geschichte einer ungewöhnlichen Hochzeit. **TAUSENDUNDEIN GAUMENSCHMAUS:** Liebeserklärung eines syrischen Feinschmeckers an die Küche seiner Heimat. **ALAAF AL ARABIA:** Ein Dorf erfindet den Karneval neu. **AUFSTEIGERINNEN:** Jordaniens Alpha-Frauen und ihr Weg nach oben. **DAMASKUS:** Christen, Muslime, Juden – vom Leben im Sammelbecken der Religionen. **SERVICE:** Die GEO-Special-Route. **PREISRÄTSEL:** Syrien-Jordanien-Reise zu gewinnen.

Erhalten: Steintempel Ad-Dayr in Petra. Erhoben: Kamelreiter im Wadi Rum. Erhaben: junge syrische Schönheiten beim Schminken für den Karneval

**▶ DIE ZULETZT ERSCHIENENEN AUSGABEN:**

3/2010

4/2010

5/2010

**▶ DIE FOLGENDEN AUSGABEN:**

- Rom
- Mecklenburg-Vorpommern
- New York

**DAS GEO SPECIAL SYRIEN UND JORDANIEN**
ERSCHEINT AM 2. FEBRUAR 2011

## Wie lebt es sich eigentlich als …

# … heilige Kuh im Himalaya?

**Holy Cow** ist Sprecherin einer weithin tolerierten Minderheit. Seit die Moderne in der Bergregion Einzug hält, stehen allerdings die meisten ihrer Mitglieder auf der Straße

**Ihre Artgenossinnen in Europa dienen in erster Linie als Milchspender und Fleischlieferanten. Sie dagegen gelten als heilig und laufen ungestört umher. Woher dieser Sonderstatus?**
Wenn ich mich in Kathmandu auf eine mehrspurige Straße stelle, mache ich das nicht nur für uns Kühe. Schließlich sind den Hindus alle Tiere heilig, weil kein Mensch sicher sein kann, nicht als Ratte oder Regenwurm wiedergeboren zu werden. Man schont uns sozusagen stellvertretend für alle.
**Wäre es dann nicht fair, diese repräsentative Funktion auch einmal weiterzugeben? Zum Beispiel an den Goldfisch – im Buddhismus symbolisiert der immerhin Glück.**
Unser Status ist alternativlos. Die Hindus haben uns bewusst ausgewählt. Sie wissen, dass wir die großzügigsten und unkompliziertesten Tiere überhaupt sind. Wir sind genügsam und geben täglich bereitwillig Milch. Oder haben Sie schon mal einen Goldfisch gemolken? Nach unserem Tod machen sie auch noch prächtiges Leder aus unserer Haut, so heilig sind wir dann auch wieder nicht. Da sind ein paar Privilegien zu Lebzeiten ja wohl nicht zu viel verlangt.
**Klingt nach reiner Folklore.**
Mitnichten! Unsere Heiligkeit ist in Nepal gesetzlich festgeschrieben. Vor einiger Zeit musste eine Frau, die eine Kuh geschlachtet hat, für zwölf Jahre ins Gefängnis. Doch wir sind noch nicht am Ziel. Was glauben Sie, wie oft eine von uns im Verkehr angefahren wird? Und dann – Fahrerflucht! Irgendwer ruft zwar meist sofort die Bullen. Aber leider kommen die nie.
**Sie fühlen sich im Stich gelassen?**
Was ich anklage, ist eine gewisse Doppelmoral in unserer Region. Uns zu überfahren kostet zwar umgerechnet 2000 Euro. Aber nehmen Sie Prachanda, den Führer der hiesigen Maoisten. Kürzlich hat er einen Büffel angebetet, als ihm die Astrologen ein schlechtes Horoskop ausstellten. Derselbe Mann, der während des Bürgerkriegs noch massenweise Rinder schlachten ließ und die Menschen zwang, deren Fleisch zu essen.
**Sie leben in einem mehrheitlich hinduistischen Land – setzt sich denn niemand für die Verbesserung Ihrer Situation ein?**
Es gibt schon Menschen, die sich um uns sorgen, die „Gesellschaft zur Vermeidung von Grausamkeit gegenüber Tieren" zum Beispiel. Die ziehen uns zwar auch aus dem Verkehr, aber wenigstens bringen sie uns ins Tierheim und nicht zum Schlachthof. Außerdem gehören ja viele von uns Stadtkühen kleinen Molkereien. Die wollen natürlich auch nicht, dass wir umgefahren werden.
**Warum bringt man Sie dann nicht in Ställen unter?**
Es ist viel billiger, uns frei herumlaufen zu lassen. Wir ernähren uns ja von Abfällen. Für die Menschen sind wir sozusagen eine natürliche Müllabfuhr.
**Kathmandu liegt in einem Talkessel, die nächste Alm ist nicht weit, mit saftigem Gras! Schon mal überlegt, auszuwandern?**
Nein, ich kenne ja nichts anderes. Wenn überhaupt, will ich in den hohen Norden. Mich hat nämlich schon immer interessiert, wie die Gletscher dort das mit dem Kalben machen.

SEBASTIAN KRETZ

**Multifunktionskuh in Kathmandu: verehrtes Heiligtum, gefürchtetes Verkehrshindernis, ehrenamtliche Müllabfuhr**